# 第一藝文社をさがして

早田リツ子

# はじめに

二〇一五年四月、ニューヨーク在住の友人、地村千里さんからメールが届いた。彼女は滋賀出身の図書館司書で長い付き合いになる。アラスカ大学地球物理研究所図書館を経て、当時はコロンビア大学東アジア図書館に勤務していた。近況を伝える内容のあとに、北川冬彦の『純粋映画記』（一九三六年）の書誌を作成したとき、出版社の所在地が滋賀県大津市であることを知り気になっていた、発行元の第一芸文社についてなにか聞いたことはないかと添えられていた。

滋賀の近・現代史に関心をもっているが、第一芸文社についてはまったく知らなかった。しかし北川冬彦の本が、「滋賀県大津市桝屋町《ますやちょう》十四」で刊行されていたことに興味が湧き、まずは近くの図書館でレファレンスサービスを利用することにした。出版社と社主について雲をつかむような質問を投げかけてから一週間後、当初のどちらかといえば単純な好奇心を満足させるどころではない、綿密な調査記録と参考文献リストを目にすることになった。

第一芸文社はたしかに大津市桝屋町に存在した。発行人の中塚悌治《ていじ》はここで出版社をおこし、間もなく京都へ移り、おもに映画に関する本や詩集の出版を手がけた。発行人の名前は「悌治・道祐・勝博」と替わっている。若い頃の啄木風の短歌が、戦前の滋賀県歌人の歌集に収録されており、晩年、「勝博」名義の歌集を残した――。こうして謎解きの端緒は開かれたものの、それ以上にわからない部分の大きさが見えてきたとき、レファレンスの報告にあった京都の古書店主・山本善行さんの著書『関西赤貧古本道』を読み、第一芸文社への関心がさらに深まった。

「中塚悌治・道祐・勝博」とはだれか。第一芸文社はどのような出版社だったのだろう。私にとってはまったく未知の分野だったが、せっかくのレファレンスの結果を活かすために小レポートをまとめてみようと思い立ち、文献調査の範囲を少し広げることにした。

その後地村さんが休暇で帰国し、私宅を訪ねてくださったときに、北川冬彦の本は東アジア図書館が所蔵する「マキノ・コレクション」のなかにあり、偶然、滋賀県出身の彼女が書誌を作成したことがわかった。

コレクションの元の所有者・牧野守さんは一九三〇年生まれ。日本映画史研究者として知られ、ゆまに書房刊の『日本映画論言説大系』の監修者である。第一芸文社に関する牧野さんの言及はないだろうかと検索したところ、一九九九年五月、立命館大学アート・リサーチセンターオープン記念の講演録に行き着いた。

題は「映画における京都学派の成立」。美学者、哲学者で、戦後の図書館法策定に尽力した中井正一《まさかず》や、のちに第一芸文社の本の著者として出会う人たちが何人も出てくる。戦前の京都では「そろばんや書店」「第一芸文社」「教育図書」という出版社から、基本的な映画研究書が刊行されていたことを知った（www.arc.ritsumei.ac.jp/archive01/jimu/kiyou/vol1/04/page001.htm）。

これらを読んで、断片的ではあったがひとりの滋賀県人がなしとげた出版の重要性は理解できた。けれど中塚悌治と第一芸文社の詳細を伝える資料は見あたらず、小レポートの作成は難しそうだった。それでも断念しなかったのは、この出版社の本が戦時体制下で刊行されたことに関心があったからだ。

＊＊＊

二〇一五年七月下旬、山科から湖西線の電車に乗った。

この日お訪ねしたのは、大津市和邇《わに》にお住まいの中塚修さん。手元の資料以上は一歩も前へ進めない状況になり、思い切って中塚勝博名義の歌集の奥付に書かれていた連絡先に電話をしてみた。出てくださったのが長男の修さんだった。旅の第一歩はこうして始まったのである。

修さんは私より一三歳年上の、謙虚で端正なたたずまいのかただった。あれこれ話しているうちに、視界に立ちこめていた濃い霧はにわかに晴れ、そのかわりまったく予想もしなかった世界が見えてきた。

それまでに読んでいた中塚に関する文献は、県立図書館にあった『御大礼記念滋賀県歌人歌集』（一九二八年）に掲載されている九首の短歌と、現代口語歌集『老人の歌』（一九七四年）だけである。この二点の資料から思い浮かべたのは、一方はつつましく生きる若者の述懐、他方は社会や政治への老人らしい義憤だった。

修さんのお話でわかったのは、どちらも中塚の人生の真実ではあったが、たとえば「新聞に広告が出るたびごとに欲しとし思ふ本の数々」という若い日の歌の背景は、一読して想像した「貧しさ」とはかけ離れたものだった。中塚は裕福な地主の息子として生まれ、自分が裕福であることに嫌悪感を抱いていた人だった。

和邇訪問以来、修さんの協力を得ながら読んだ資料、とくに自伝『思い出の記』（手づくり・

私家版）と他の著書、自ら編集者をつとめた花道機関誌「花泉」掲載の関連記事、そして第一芸文社から出版された書籍自体を参考にして、第一芸文社と彼の生涯のあらましをたどる旅を続けることにした。

装丁
櫻井久、中川あゆみ（櫻井事務所）
装画
小川哲

第三章　映画書出版へ　1937-39



第四章　戦争と出版Ⅰ　1940-41

## 第五章　戦争と出版II　1942-44

第一章

# 旧家に生まれて 1902-33

## 庄五郎のぼん

私の家は「庄五郎」という屋号で呼ばれていた。私なども子供のころ、庄五郎のぼん（関西でよくいうぼんとは未成年の男子で、若だんなの意味）とよくいわれた。（『思い出の記』一三頁）

『思い出の記』は、一九七八年から八三年にかけて中塚自身によって書かれた草稿を、九九年に二男の中塚伸さん（故人）がワープロを打ち、手づくりで完成させた本である。公表を目的としたものではなく、子どもたちなど、限られた人に書き残しておく私的な文章だったようだ。中塚道祐は戦後の一時期北九州市に在住したが、滋賀へ帰ったあとも春から盆前までの数カ月を、北九州市の伸さん宅に滞在する年が続いた。けれど父子の会話の時間はあまりなく、父がいつも話したりない思いで帰って行くのを感じていた伸さんが、滞在中の手すさびとして執筆をすすめた結果、原稿用紙を綴じた六冊の草稿が残されたのだった（「『思い出の記』を編んで」より）。

書かれた時期によって重複もあり、食い違いもあるが、幼少期から結婚までと、家族の思い出のあとに、中塚のもう一つの世界である「いけばな」との出あい、友人の思い出などが記されている。出版人として他人の著書を世に出す一方で、中塚自身もいけばな論や歌集など、かなりの文章を残している。これらは修さんを訪ねてはじめて明らかになったことだった。

本章の前半はこの『思い出の記』をもとに幼少期から青年期をたどり、後半は、彼自身が長く編集を担当したいけばなの流派機関誌「花泉」に執筆した文章を参照しながら、第一芸文社創業への道をたどってみる。なお、『思い出の記』が公刊されたものではないことを考慮し、登場する親族や知人の名前などは必要最小限にとどめた。著名な人や著書などをもつ人は名前を記し、修さんにも目をとおしていただいた。

中塚の戸籍上の名は「道祐《どうゆう》」である。一九〇二（明治三五）年八月二八日、中塚家の六代目として、滋賀県滋賀郡真野《まの》村大字谷口（現大津市）に生まれた。誕生時には「悌治」と名付けられたが、一九二四（大正一三）年、二二歳の時に改名した。

父は中塚亀次郎、母はふさ。父の亀次郎は隣村和邇の安孫子《あびこ》家に生まれ、中塚の家に婿養子に入った人である。中塚と安孫子の家はどちらも村の旧家だった。きょうだいは四歳上の姉くめだけで、その後生まれた弟妹は幼くして亡くなり、道祐（以下、結婚までは道祐と表記）は一家の跡とり息子として大切に育てられた。

彼が生まれた当時、中塚家は大半の田地を小作に出し、日用品や燃料、農機具類、タバコや塩などの専売品を扱う店を営んでいた。広い敷地には、母屋の他に隠居棟や大小の納屋、土蔵など七棟の建物と、庭園や泉水、梅林や畑があり、土地や商売からの収益は相当な額に上った。

父の実兄は議員や滋賀県の水産組合長をつとめ、弟は弁護士を志したが病没している。二男だった亀次郎は政治を好まず、実父に似てお茶やいけばなに打ち込んでいた。

中塚家の祖父、庄三郎も多芸多才な人だった。道祐が物心ついた頃には祖母はすでに亡くなり、祖父は隠居して屋敷の一角に家を建て、駄菓子を商いながら悠々自適の日々を送っていた。道祐の記憶には、薄暗い店の隅で長火鉢の横にあぐらをかき、法律や芝居の本を読んでいた祖父の姿が残っている。また芝居の看板文字や浄瑠璃本、小唄本の文字を書いたり、芝居の背景となる襖絵まで描いていた。姉のくめを連れて大阪まで文楽を観に行くこともあった。しかしただの道楽ではなく、歌舞音曲全般について相当の鑑賞力と知識をもち、とりわけ日本舞踊についての造詣が深かった。

家には住み込みのお手伝いの女性もいた。くめに三味線と踊りを教える師匠が子ども連れで隠居に住んでいたこともあり、さらに浄瑠璃の師匠が出入りし、ときには逗留することもあった。家族以外にも常に他人のいる家であった。

父の亀次郎も祖父に劣らぬ多趣味の人で、なかでも情熱を傾けたのがいけばなだった。現代では、いけばなは女性が習うものというイメージが強いが、歴史をたどると、昭和初期あたりまでは男性社会に属するものであったようだ。

いけばなが若い女性の習いごととして普及し始めるのは、良妻賢母主義教育の観点から、池坊《いけのぼう》の四二世家元・池坊専正《せんしょう》が、京都府立女学校の花道教授を委嘱された一八七九（明治一二）年あたりからではないだろうか。池坊総務所発行の年表には、それから二〇年後の一八九九年頃、いけばなが「女子のたしなみ」として流行したと記載されている。さらに一九二〇年代後半から、ラジオや婦人雑誌がいけばなの紹介を行うようになり、一般女性への普及が進んだ（『池坊いけ花年表』池坊総務所、『図録・いけばなの流れ』日本華道社）。

亀次郎のいけばなの稽古は、趣味やたしなみの域を超える本格的なものだった。自宅を稽古場にし、毎週一回、堅田《かたた》から先生を招いた。やがて自身も教授の資格をとり、京都の池坊六角堂の花会に花をいけに行くようになるが、それだけではあき足らず、当時の池坊華務課長、上野啓純に師事し、この師弟関係は父の死の直前まで続いた。

亀次郎は温厚な人で、ふだん叱られることはなかったのに、ただ一度だけひどく叱責されたことがある。晩年の手づくり歌集にも歌われているほど、道祐にとっては忘れがたいできごとだったようだ。しかしその理由にはふれていない。母のふさは中塚家の三人姉妹の長女で、亀次郎を婿養子に迎えた。当時の女性には珍しくなかったが、裕福な家でも教育には無縁に育てられ、母は結婚後に父から読み書きを習っていた。

道祐は、六歳頃までは健康でわんぱく、元気な子どもだった。ところがある日、不注意で厠《かわや》に落ちたことがあり、それ以来病弱になったという。「厠に落ちた子どもは名前を変えると良い」というので、後年名前を変える原因になった事故だった。成長するに従って人前で喋るのが苦手となり、ひとりで遊ぶ無口な子になってしまった。

『思い出の記』には、「私はちょっと変わり者で、金持ちの子であることが嫌でたまらなかった。土地があったり、年貢米が入ったりすることが罪悪のように思われた」と書かれている。

習いごとも学校の勉強もよくできた姉のくめは大の読書好きで、学校の図書室の本を片端から読み、高等科に進むと古典文学を読むようになっていた。卒業が近くなると、担任は女子師範学校への進学をすすめにたびたび訪ねてきた。けれど両親は、当時の社会通念により、娘にとって大事なことは勉強よりも「花嫁修業」と信じていたらしく、くめは結局進学せず芸事に打ち込むかたわら読書に没頭するようになる。

村役場の会議室と学校の職員室に、同志社出の中村与《あたえ》という人が寄贈した三〇〇〇冊余りの蔵書が備えられ、「中村文庫」と名付けられていた。蔵書の大半は文学だったが、歴史、社会、政治などの人文系の本も入っていて、くめはそれらの本も読破した。

中村は真野村の村長をつとめた人物で、道祐はこの役場に勤務したことがある。中村の二男、中村要《かなめ》（一九〇四―三二）は真野の小学校を卒業後、同志社中学に入学。その後、京大花山《かざん》天文台の初代所長・山本一清の助手として、反射鏡の研磨技術や天文学普及に大きな功績を残したが、若くして自死した。中村要に師事して研磨技術を学んだのが木辺《きべ》宣慈《せんじ》である。花山天文台にゆかりのある三人は、ともに滋賀県出身だった。

くめの読書熱は高等小学校を卒業するとさらに高まり、小説や歴史、戯曲を熱心に読んでいたようだ。話し下手で内気な弟とは対照的に、姉はだれからも親しまれていた。進学はせず、両親の膝元で暮らす道を選んだが、道祐は「姉は本当は上の学校へ行きたかったと思う」と記している。

姉にはおよばなかったが、道祐は算数の成績が良かった。学校の先生は当然のごとく中学受験をすすめた。しかし両親も彼自身も乗り気ではなく、高等科二年を卒業すると滋賀県師範学校を受験し、一九一六（大正五）年四月に入学した。

滋賀師範は、一九〇三（明治三六）年より大津市膳所《ぜ ぜ》町錦《ちょう》にあり、一九四三年に官立へ移行したとき、「滋賀師範学校」と名称変更している。入学はしたけれど、何不自由なく育てられた彼には、全寮制の集団生活が面白いはずはない。なによりの楽しみは日曜日に帰宅できることだった。

ただし宿泊はできず、家に滞在できる時間はわずか。それにもかかわらず毎週帰ってくるので、ついには父母のどちらかが月二回は大津へ来てくれるようになった。まさに「庄五郎のぼん」である。まだ湖西を走る鉄道はなく、琵琶湖畔の堅田港から浜大津港へ太湖《たいこ》汽船を利用した。父母が来る日は朝から浜大津へ迎えに行き、近くにあった知り合いの旅館の離れで、夕方の船が出るまで一緒に過ごした。

姉のくめからは一週間に一度、美しい文字で書かれた手紙や葉書が届き、たちまち寄宿舎で評判になった。寮生から冷やかされ、先生にも訊かれ、内気な彼は困惑した。何通も届いた姉の便りのなかで一番心に残っているのは、「小学校で同じように机を並べた人たちの中で、働かねばならぬ人と勉強に専念できる人とがあるのです。この相反する二つの人たちがあるということを忘れないでください」という手紙だった。

このあと、姉からの便りは次第に少なくなる。一方、本科に進んで勉強が忙しくなるとさすがに帰省も間遠になり、やがて二学期が終った。帰宅すると姉は少し元気がなく、面変わりしているように見えたが、ふだんと変わらぬ笑顔であった

三学期を迎えるとさらに勉強は難しくなり、父や姉から手紙が来ないことを気にかける余裕もなかった。しかし一九一八年三月七日、父から電話があり舎監室に呼ばれる。姉くめの死を知らせる電話だった。

享年、二〇。村始まって以来と言われる盛大な葬儀が行われた。それから一週間後、茫然自失のまま寄宿舎にもどった彼の心には、いままでに感じたことのない重圧感があった。「姉の死がわたしに大きな衝撃を与えたことだけは確かである。しかも、わたしの人生の多感な少年時代に。人は長い人生の中で、老年になっても、少年時代に感じたことは生涯消えることがない」

## 活動写真の歌

姉の死後、もはや勉強はうわの空で師範学校自体もおもしろくなかった。同年、道祐は退学する。くめの死に大きな衝撃を受けていた両親も、彼の気持ちを推しはかって賛成してくれた。学校から離れてもまだ一六歳である。それからは「中学講義録」と、正則英語学校の「井上英語講義録」によって勉強を始めた。しかし強い意志をもっていたとしても、独学生活は孤独だった。欝々とした気分を紛らすために「文章倶楽部」を購読し、短歌や俳句、散文を投稿して掲載された作品もあった。その後京都予備学校に入り、実質的に中学課程の学習を終えることができた。

再び真野村の家にもどり、今度は早稲田の「文学講義録」をとった。早稲田大学国文科の通信教育である。年一回の、校外生のための特別授業には参加しなかった。その頃のことなのか、「新愛知」に投稿した短編小説三作が入選したこともある。この新聞は現在の「中日新聞」の前身で、一九一四（大正三）年から二四（大正一三）年まで、反骨のジャーナリストとして知られる桐生悠々が主筆をつとめていた。道祐の投稿作品はユーモア小説で、コント風の「柿」

「ハンカチ」などという作品だった。

石川啄木や正岡子規の歌集を読み、中村孝助（一九〇一―七四）の『土の歌』の影響も受けた。中村は二五（大正一四）年創刊の「芸術と自由」に口語歌を発表し、渡辺順三（一八九四―一九七二）らとプロレタリア歌人同盟に参加した。農民生活の苦難を詠んだ歌人として知られる。

その後も道祐の孤独な読書生活は続く。関東大震災を経て一九二六年、改造社が刊行を開始した『現代文学全集』は、一冊一円の廉価版全集として「円本」流行のさきがけとなった。彼も文学全集を三種類、さらに『世界美術全集』も購読していた。孤独ではあったが恵まれた独学生活である。

彼が育った小集落の共同体的な関係は穏やかなものであったらしいが、やはり貧富の差はある。周囲の農民の暮らしを見ながら、早くから地主の息子であることに嫌悪感を抱いていた道祐の読書は、姉の影響もあったのかプロレタリア文学への関心をうかがわせる。

一九一七（大正六）年のロシア革命の成功は、労働者の権利意識の覚醒と、封建的な搾取体制の打破をめざす国際的潮流を生み出していた。日本でも大正デモクラシーと相まって社会主義思想が広まり、農民・労働者だけでなく、社会変革の理想に共感する資産家の子弟や高学歴の若者たちが出てくる。それは社会的な不平等に強い疑問をもった青年たちの、正義感の発露であった。

道祐の読書の対象は広く、平凡社の『新興文学全集』、倉田百三『出家とその弟子』などの宗教文学、西田天香の著作にまでおよび、日蓮への関心から、京都・妙満寺の「日蓮主義」講座に通ったこともあった。

独学生活に一応のピリオドを打ったのは、村役場の書記として働き始めたときである。一九二三年頃だろうか。役場に勤めながら、相変わらず短歌を作り文学全集を読む生活は続いた。

滋賀では二六（大正一五）年二月、佐後淳一郎、米田雄郎《ゆうろう》らによって「近江歌人連盟」が結成されている（伊藤雪雄『昭和の湖国歌壇』）。佐後は二八年に『御大礼記念滋賀県歌人歌集』を編んだ人。この歌集に「中塚悌治」の歌が九首掲載されているので、滋賀の歌人との交流があったことがわかる。道祐は一九二四年に改名後は、「悌治」を筆名として使っていた。「中塚悌治」の歌は次にあげる九首で、実際に手に取ることができた中塚関係の最も古い文献である。

## 活動写真の歌

ふと胸がせまりて横を向きしとき横の男も涙ぐみをり
観客はよろこび極り手をうてりその悪者が殺されしとき
はやぶさの如くすばやく人を斬る強さうに見ゆる覆面の武士
いつさんにかけゆく捕手の役人に拍手をおくる観客さかん
西洋のおどけものの画が映りをり暗きをさぐり館内《なか》に這入れば

貧しさ

薄給になれし身なれど人の前で給料問はれ顔赤くせり
月給日わづかの金も働きて貰へばうれし手にうけにけり
徴税日疲れて今日もかへりけり荷物置きしまま横になりけり
新聞に広告が出るたびごとに欲しとし思ふ本の数々

（『御大礼記念滋賀県歌人歌集』七六―七七頁）

「活動写真の歌」五首からは、映画への関心と当時の観客たちの熱狂ぶりが伝わってくる。日本に映画が導入されたのは明治期で、「外部に映写して多数が同時に見られる現代の映写方式と同様のシネマトグラフが最初に紹介されたのは一八九七年（明治三〇）年二月十五日のことで京都の稲畑勝太郎が南地演舞場で行ったものである」（今村三四夫『日本映画文献史』）。

道祐が活動写真の歌を詠んだのは、それから三〇年余りあとのことだが、同じ頃、従来の無声映画にかわって「発声映画」（トーキー）が上陸し、その是非論が映画雑誌を賑わせていた。映画館の暗がりの中でスクリーンに見入りつつ、観客たちの熱狂のさまを心に留めてから一〇年もたたないうちに彼は出版社をおこし、映画史に残る論集を世に出すことになる。前掲の歌には、映画関係書の出版へ向うひとすじの道がかすかに見えている。けれど「貧しさ」四首については、彼の生い立ちがわかると、「貧しさ」と題したのはなぜだったのかと疑問がわく。「薄給」「月給日」「徴税日」等の語から考えると、村役場の書記としての自身の体験を詠んだものだろう。裕福な地主の息子という出自は、彼にとっては子どもの頃からの「負い目」であり、漠然とした孤独感の源泉でもあった。村役場で働いて得られる薄給をとおして、彼は生まれてはじめて貧しさの現実を嚙みしめていたのかもしれない。いわばプロレタリアートの疑似体験とでもいえそうな歌である。平易で素朴なこれらの歌の主題と作調は、最晩年の歌集まで変わっていない。

## いけばなの世界へ

『思い出の記』によると、古典派から自由律の短歌に転身後は「プロレタリア歌人同盟」に入盟し、「短歌前衛」などに農民解放の短歌を投稿したり、村役場の書記をしながら自由律の歌を詠んでいたが、東京の渡辺順三宅を訪問したこともあったそうだ。役場勤務がいつまで続いていたのかはよくわからない。

プロレタリア短歌を投稿し、プロレタリア文学運動への傾倒が深まっていった時期を経て、彼はいけばなを習い始める。特別な関心があったわけではないが、身近に父や祖父のいけばなを見ながら成長したので抵抗感はなかった。そして一九二八（昭和三）年一月二九日、出入りの米穀商の紹介によって、堅田の旧家、中井家の次女・ソエと結婚。道祐二六歳、ソエは二〇歳だった。

いけばなを始めた当初は父から習っていた。しかし親子では修行の実が上がらず、父の師であった上野啓純に師事することになった。上野は、明治末から一九二七（昭和二）年まで池坊の華務長をつとめた人である（工藤昌伸『日本いけばな文化史　三　近代いけばなの確立』。以後『日本いけばな文化史』と表記）。

華務長として行政面で活躍し、進歩的な人物として知られていたが、のちに「日本礼道宗家、帝国盛花瓶華宗家を創始、雑誌『道』を発刊」している。いずれにしても、一般には到底かなえられない破格の入門だったらしい。こうして週一回、花材を持参して京都の吉田山に通う生活が始まった。

（…）私が生け花をやるようになったのは、親孝行のためである。父も母もこのことで安心した。父が尊敬していた上野啓純先生について、私は生花を習うことになった。毎週一回、京都の吉田に通った。上野先生の家は吉田山の中腹にあった。約二年間、私は上野先生について生け花を習った。

（『思い出の記』五三頁）

ところでいけばなを習うことがなぜ「親孝行」で、父母を「安心」させたのだろうか。『思い出の記』には、「プロレタリア歌人同盟」に入盟し、渡辺順三を訪問したことがあると、さりげなく書かれていた。中塚（以後、中塚と表記）が結婚した一九二八（昭和三）年、「ナップ」（全日本無産者芸術連盟）が結成されている。プロレタリア歌人同盟は二九年七月に結成され、「短歌前衛」の創刊は同年九月である。

彼のプロレタリア文学への関心を、両親がどう思っていたのかはどこにも書かれていない。しかし、すでにプロレタリア文学運動や、その思想基盤であるマルクス主義を標榜するものへの弾圧が始まっており、当時の世相としてはそのことが心配の種であった可能性が考えられる。プロレタリア思想への接近は、裕福な地主の家に生まれた彼にとって好ましいことではなかった。父や祖父のように種々の芸事やいけばなに精進することこそが、地主の跡継ぎにふさわしい生き方とされていたのだろう。その後、彼のプロレタリア短歌への言及はなくなる。しかし社会的な問題への関心が薄れたわけではなかった。


京都行きが始まると、いけばなをとおして当時の京都文化人の世界が一挙に開けてきた。そのとき彼が遭遇したのは、伝統的ないけばなや流派による定型化を脱し、いけばなを「個」の表出である芸術として確立しようとする近代化運動だった。しかもその新興いけばな芸術の熱気は、おもに大阪や京都を中心とする関西で活発化し、動きを先導するそうそうたるいけばな指導者、批評家、研究家が集っていた(『日本いけばな文化史』)。

一九二八(昭和三)年から二九年は、中塚道祐の人生にとってまさに画期だった。結婚、滋賀歌人として御大礼記念歌集への作品掲載、長女俊子の誕生、それらの前後にプロレタリア歌人同盟への参加、そしていけばなの世界への転身が続いた。

中塚の文学青年気質は、プロレタリア文学の対極にあるようないけばなの世界で、再び発揮されることになる。彼のいけばな入門は花道家としてだけでなく、やがていけばな批評家「中塚悌治」の誕生へとつながった。

当時、花道界では雑誌「国風《こくふう》」「道」が発行されていた。「国風」を編集していたのが重森三玲《しげもりみれい》である。一方「道」の編集部は上野啓純宅にあり、藤井好文《こうぶん》が編集を担当していた。この二人はのちに「新興いけばな宣言」に名を連ねる。

その頃の藤井氏は何をやっていたのか、恐らくいろんなことをやっていたのだろう、物を書いたり、会の世話をしたり、芝居の方にも関係していたのではないかと思う。花の雑誌の編集はほんの余技としてやっていたのかも知れない。その風貌は如何にも文学青年である。私は二、三回会って話したことがあるが、当時田舎出の私など問題にもしないという風で、私も強いて近寄ろうとしなかった。藤井氏と親しくなったのはこれよりずっと後のことである。

(「花泉」一九六五・一〇)

『日本いけばな文化史』では、藤井は「いけばな批評家。伯父渡辺霞亭《かてい》が社長であった花道雑誌『国風』を編集し、昭和二年に上野啓純らと花道雑誌『道』を創刊する」と紹介されている。

## いけばな批評

上野啓純に二年余り師事して基本を修めたあと、上野に紹介された師が、当時池坊より独立して新たな流派（専正池坊）を創ろうとしていた諸泉祐道《もろいずみゆうどう》である。一九三〇（昭和五）年、中塚は父とともに「専正池坊」の創流に参加し、いけばなを学びつつ、やがて花道誌に評論や作品批評を書き始める。

花道誌は前掲二誌のほかに、「華道画報」（東京）や「華乃栞」（大阪）などがあった。「華道画報」について中塚は次のように書いている。

当時、東京から「華道画報」という雑誌が出ていた。これはB5判の大判で、いけ花雑誌としては型破りの面白い雑誌であった。誰れでも自由に発言出来る場になっていた。特に興味があったのは、誌上討論を行ったことである。ある一つのテーマを出して、賛成・反対の二派に分れて意見をたたかわしたことである。例えば、「家元制度は是か非か」、または、「生花（格花）は何処へ行く」という風な問題を出し、当時の有名家元や評論家に執筆させるという仕組みである。一つの問題に数人の執筆者が登場した。而も一人の執筆分量はB５判の二頁である。当時の新鋭の花道家による討論はハラハラさせるものがあり壮観であった。私もその誌上討論に参加した。これは約二ケ年程続いた。（「花泉」同前）

一方「華乃栞」は、批判花を主な内容として重森三玲らが作品批評を書いていた。『日本いけばな文化史』によると、当時のいけばなの世界では、他人のいけばなを公然と批評することはタブー視されていた。

この批判記事は多くの人に興味をもって迎えられた。然もこの批判はいけ花作者・評論家・その他画家、宗教家、大学教授、その他あらゆる人が参加し、素人、玄人まちまちであるが、各人が思うことを遠慮なく発言するということで一段と興味が高まった。興味丈けでなく、いけ花作品の向上に大いに役立ったといえる。私もその批判者として加わった。

西阪清華《せいか》さんや前田紅陽氏を知ったのもその頃である。

（「花泉」同前）

「華乃栞」は西阪清華（専慶流家元西阪専慶の兄）が主宰し、特定の流派ではなく諸流派合同の花道誌として広く読まれていた。前田紅陽は、後年、第一芸文社から三冊の本を出している。真《しん》生《せい》流の山根翠堂《すいどう》（一八九三－一九六六）と知り合ったのもこの頃だった。

『思い出の記』には「山根翠堂さんは真生流の家元として、当時、現代花の名手として知られ、随筆、評論などで大車輪の活躍をしていた。東の勅使河原《てしがはら》、西の山根といって、婦人雑誌などマスコミの宣伝も利いて売れっ子であった」と書かれている。

大正から昭和初期は、読書の大衆化が進んだ。その要因は、印刷・製本の技術革新による大量生産、大量販売が可能になったことである。「円本」のような低価格と平易な内容をセットにした「発明」が、読者層を飛躍的に拡大し、出版の大衆化が進んだ（大澤聡『批評メディア論』）。そしてこのような変化を背景に、著者と読者の中間的立ち位置にある各種の批評が、ジャンルを超えて活発化していった。

中塚の回想から浮かんでくるいけばな批評の隆盛ぶりや多彩な論者からも、そのことがうかがえる。後年の第一芸文社の創業と、そこから出版された映画評論にも、同じように論壇の土には、活発な議論や論争、批評活動が存在したようである。

台があったということだろう。国外での戦況の深刻化をよそに、その頃はまだ芸術文化の世界

いけばなの世界では、総合誌だけでなく流派の機関誌の刊行も盛んになった。一九三三（昭和八）年八月、中塚の属する専正池坊の機関誌「大道」が創刊され、彼も寄稿した。間もなく華務課長だった佐藤耕堂から、同誌の編集を依頼する手紙が届く。もとより好きな仕事だった。中塚は佐藤と机を並べて機関誌の編集を担当することになった。

この仕事をとおして、各地の著名ないけばな指導者を知った。また、教場での家元の教授ぶりをつぶさに見ることによって、さらに多くの教えを受けることができた。たとえば家元の指導法は、弟子の作品をいけ直したり、大きく変えてしまうのではなく、「ちょっと小枝を添える、少し枝を切り捨てる、枝先をほんの少し曲げるというふうに、わずかに手を加えることによって見違えるほど良くなる。だから弟子たちをがっかりさせることはない。弟子の花を大きく変えないから失望させることがない」（『思い出の記』）というものだった。

中塚は「表現の自由」と「観賞の自由」を、芸術の基本と考えていた。戦後に出版した彼自身のいけばな関係の著書や「花泉」の記事からは、家元と同じく表現者の主体性を尊重する姿

勢が見てとれる。

「華道画報」のような総合誌には、著名批評家や花道家がそろって寄稿していたが、そのなかに「安達式挿花」を創流した安達潮花《ちょうか》（一八八七―一九六九）がいた。中塚は、安達式家元や草月流家元の花器を作っていた陶工を通じて潮花と知り合い、二年間現代花の講義を受けて、「安達式全国巡回講師」という辞令をもらっている。

また中塚自身の発案により、安達式と専正池坊の合同問題が話し合われたことがあった。時期は昭和一〇年頃と思われ、京都市内の高級旅館に、それぞれの家元と佐藤耕堂、中塚の四人が連泊し、夜を徹して両流派の花道観や今後の展望など、総論、各論を語りつくして合意に達した結果、「大道」の翌月号には早速、安達式挿花の作品や講座が大きく掲載されたという。自由で新しい、芸術としてのいけばなを模索する気運の中で、流派を越えた交流や切磋琢磨が展開されていたことを示している。この合同は半年足らずで消滅したというが、安達潮花との交流はその後も続いた。

時期は特定できないが、中塚は大津市内に「東京安達式挿花教場」を開いている。看板を出し、生徒募集の新聞折り込みビラで宣伝したところ、たちまち一〇〇人近い応募があった。『思い出の記』には、当時、中塚の家に滞在中だった北川冬彦がこの盛況ぶりを見て、「中塚君、東京へ出て、人民花道の家元を開いたらどうかネ、私が知り合いの作家連中を世話するから」と冗談を言ったことが記されている。

## 重森三玲を訪ねて

茶、いけばな研究家、作庭家、日本庭園史研究家として大きな足跡を残した重森三玲（一八九六—一九七五）は、第一芸文社の最初の刊行書、『挿花の観賞』の著者である。中塚が重森を訪ねたのは一九三二（昭和七）年頃と思われる。

『日本いけばな文化史』によると、重森は岡山県賀陽町《かようちょう》の出身で、もとは「計夫《かずお》」といい、後に画家のミレーにちなんで「三玲」と改名している。小学校時代から池坊の立花・生花を習い、日本美術学校に入学後は西洋美学や美術史を学んだ。また独学で作庭を学び、東福寺方丈庭園などのモダンで力強い名庭園を残したことでも知られる。画家志望だったが関東大震災後に帰郷し、その後は京都で花道史の研究家、いけばなの評論家として活動を開始した。同書巻末の小辞典には、「日本の伝統文化の史的研究のパイオニア的存在」として、いけばなの近代化に情熱を注ぎ、「伝統文化について、古典資料を検証しながら、西洋芸術理論を導入し、現代的再生を終始試みた」と書かれている。

重森はいけばな界改革の方法として、花道美術学校設立に情熱を傾けた。一九三一（昭和六）年の挿花芸術展の審査員には、諸流派の花道家だけでなく、重森はもちろん、藤井好文、裏千家、表千家の家元なども名を連ねた。

重森三玲先生を知ったのもその頃である。先生のお名前は出版物や雑誌などで知っていた。茶・花の研究家としてお偉い先生だということは父からもきかされていた。それだけに田舎者の私など、到底近寄れない方だと思っていた。当時先生は京都市三条通りの都ホテルの近くにおられた。ある日、私は誰れの紹介もなしに突然先生を訪問した。お目にかかってどうご挨拶しようかと内心不安であった。恐らく相当年輩の方であろうと思っていた。有名な人は年輩者であるのが当然だからである。ところが、出てこられた先生はまだ三十四五才位、長髪の丸顔で、気安く笑顔で迎えて下さった。従って堅苦しい挨拶などをされなかった。先生も奥さんも初対面の外来者に用心される風もなく、私の話に快く応じて下さった。それに気をよくして、以来私は度々先生を訪問した。

（「花泉」同前）

一九二九（昭和四）年、京都に移り住み、すでに花や茶の研究家として知られていた重森は、思いがけなく気さくな人で、結婚して間もない夫人と共に歓待してくれた。著名な批評家の教えを請いに訪れた中塚だったが、初対面から打ちとけて話がはずみ、重森との交流が始まった。かつてのもの言わずの子は、長じてもの静かで控えめな印象ではあるが、内面には常に一途な強い思いを抱いていた。

これを機に、彼はたびたび重森を訪ねるようになる。その頃の重森は花道史や茶道史の講座を主宰し、京都市内の家元や流派のおも立った人々が一〇人余り集まっていた。中塚は重森にすすめられてこの講義を聴くことになった。

講座は一年半ほど続いたようだ。『思い出の記』によれば、この講座は「重森学校」と呼ばれ、週一回、五時間の講義があった。また重森は、中塚の実家を何回か訪れて泊まったこともあるという。中塚の案内で西近江路《にしおうみじ》を歩き、社寺や庭園を見てまわり写真を撮った。

一九三三年（昭和八）年、京都大丸百貨店で第三回京都挿花芸術展が開催されると、重森のすすめで中塚も自分の作品を出品している。この芸術展の開催年は、「花泉」の中塚の記事では「昭和七年」となっているが、三頭谷《みずたに》鷹史《たかし》『前衛いけばなの時代』（美学出版・二〇〇三）には、勅使河原《てしがはら》蒼風《そうふう》（一九〇〇－七九）が関西のいけばな関係者と親しく関わるのは、昭和八年四月、重森の依頼を受けて挿花芸術展の審査員を引き受けたことによるとあるので、「八年」とした。

これは当時としてはめずらしい審査展であった。これも重森先生の奨めで出品した。私の出品作は、杜松を主材に岩かがみを下に敷いた盛花形式の物であった。今でも覚えているが、杜松の幹を一ヶ月余り池の水につけて黒くし、その曲りくねった幹を十数本用いて線の面白さ、力強さを出し、その下に赤・青・緑・黄緑・黄の色の変化した岩かがみを敷いた。その作品は入選し、賞状をもらったのをおぼえている。私の左隣りが東京の勅使河原蒼風氏で、浅い水盤風の花器にバラを数本生けておられた。ごく普通のいけ花であるが、その技術に感心した。そんな記憶もある。

（「花泉」同前）

審査展の終了後、四条大橋詰のレストランで座談会が開かれ、その時も中塚は重森に声をかけられて出席した。勅使河原蒼風、山根翠堂など、当時の新興いけばな運動をリードする花道家と評論家が集まっていた。藤井好文の名もある。同じ年の秋には、重森三玲・藤井好文・勅使河原蒼風らによって「新興いけばな宣言」が起草され、「新興いけばな協会」の設立へと動くはずだった。しかし宣言は公表されなかった。

このようないけばなをめぐる新興の気運のただなかに身を置いた中塚は、いかにも彼らしく控えめな印象ではあるが、「いけばな芸術」への熱い批評精神を持っていた。いけばなを近代芸術に位置づけようとする改革派や従来の保守派などの主張は興味深いものだが、中塚の思い出の中に登場する花道家たちの名をあげるにとどめておく。

ところで、いけばな批評家としての中塚はどのような文章を書き、いけばな芸術をどのように考えていたのだろうか。既出の『日本いけばな文化史』の中に、批評家としての「中塚悌治」に関する記述を見つけた。引用されている中塚の文章のきっぱりとした主張と、重森との対比、全体での位置づけの重要性に目をみはった。執筆当時の中塚は三一歳である。

重森三玲の「日本花道学園」の生徒であり、学園消滅後には、マンツーマンで重森に講義を受けて評論活動を始めた中塚悌治《なかつかていじ》は、花道雑誌『道』の昭和八年三月号で「新興挿花に就いて」と題して次のようにいう。「我々の主張する新興挿花に於ては挿花的用材の制限撤廃である。如何なる用材をもとりあげることは自由である。……我々の新興挿花に於ては旧挿花の個人主義的、非社会的なるに対して甚《はなはだ》社会的であり、何よりも挿花の社会性を強調したいのである。挿花は決して一部階級のものであってはならぬ」

ここで中塚の「社会性」と「一部階級のものであってはならぬ」という新興挿花への主張を引用したのは、重森三玲が起草し藤井好文が加筆したといわれる新興いけばな宣言には、中塚のいう「社会性」が欠落しているからだ。新興いけばな宣言は大正末から昭和初年にかけての社会主義の影響をまったく受けていないようにみえる。実弟の津田青楓《つだせいふう》を介しての河上肇《かわかみはじめ》の影響なのであろうが、文人生《ぶんじんいけ》の西川一草亭でさえ、「茶の湯はプロレタリアの芸術」だなどといって谷川徹三《たにかわてつぞう》に批判されている。先にも述べたように昭和六年には満州事変が始まり、昭和七年には上海事変が勃発、満州国の建国宣言がなされ、八年にはわが国は国際連盟より脱退、京都大学では滝川事件があり、佐野・鍋山らの社会主義者の転向が起きるなど、社会の状況が右傾化し戦争に向かっての軍部の動きが急を告げていた。その中にあって重森三玲の現代芸術としての花道評論はこうした状況とはまったく関係ないように展開されている。戦後になって『いけばな芸術』を編集した重森弘淹《こうえん》は、父三玲について、芸術至上主義者だったと批判をしていたが、たしかに昭和四、五年から十年にかけての三玲の芸術論と新興いけばなについての論考には、その傾向が強くうかがわれる。

（『日本いけばな文化史』一三六頁、傍線・筆者）

花道界の人脈につながった中塚は、いけばな批評においてこのように「社会性」を重んじる論陣を張っていた。彼ら（他のいけばな批評家や研究家たちも）の間には、自由で熱のこもった議論があったようだ。芸術至上主義的な重森と、プロレタリア思想の中塚との交流は、デモクラシーの基本である成熟した議論によってささえられていたといえないだろうか。

最初に第一芸文社を知った時点では、いけばな関係の本と、映画評論が混在している理由がわからず、茶やいけばなの家元が多い京都という土地柄を漠然と考えていた。しかし中塚と花道界との関わりを知れば、そこには強い必然性があったことがわかる。

『日本いけばな文化史』によると、昭和一〇年以降、いけばな論壇は沈静化した。大陸での軍事行動の拡大と戦時体制の強化とともに、「軍国主義に迎合するような主張」がいけばな評論の世界でも現われ、現実問題としても花どころではない状況に追い込まれていった。そして、あたかもいけばな批評と入れ替わるように、中塚は第一芸文社への道を歩み出そうとしていた。

第二章

# 第一芸文社をおこす　1934-36

## 大津市桝屋町

中塚が出版人として活動したのは、一九三四（昭和九）年から四四（昭和一九）年までの一〇年余りである。彼がさかんにいけばな批評を書いていた三三（昭和八）年二月、小林多喜二が東京築地署で拷問により死亡した。国際政治では三月、国際連盟からの脱退を通告して日本は対外的な孤立を深め、国内では自由な言論や左翼思想に対する弾圧が強まっていった。

同年四月、内務省が京大法学部滝川幸辰《ゆきとき》教授の著書を赤化・危険思想として発禁処分にし、五月、文部大臣が教授に対して辞職勧告を行った。法学部全教授と学生たちの抗議にもかかわらず、「学問の自由と大学の自治」が蹂躙された滝川事件である。

第一芸文社創業の三四（昭和九）年は、函館大火や室戸台風などの災害が続き、大凶作に見舞われた東北の農村地帯は深刻な窮乏状態に陥った。そして六月、文部省は「思想局」を設置し、共産主義などの左翼思想の統制を強化した。

一方で、日常生活では着々と銃後への動員が進み、女性たちも積極的に国防婦人会などの組織をつくって、軍部の指導を受けながら戦時体制を支える活動に乗り出していった。三五（昭和一〇）年二月、美濃部達吉の学説を弾劾する「天皇機関説」事件が起こると、内閣は「国体明徴の声明」を発して機関説を否定した。

第一芸文社から出版された本によって、このような激動の時代について再考したいという思いがあり、各地の図書館の蔵書をふくめ、可能な範囲で初版本の実見と入手に努めることにした。国立国会図書館にある第一芸文社の本については書誌情報の検索で確認し、中塚自身の著作も入れて、巻末の「中塚道祐年譜および第一芸文社刊行書籍」にリストアップした。第二章以降はこのリストに従って、実際に読むことができた第一芸文社の本とその著者についてたどってみる。

一九三四（昭和九）年、中塚道祐は大津市桝屋町で第一芸文社の看板を掲げた。京都へ出かけるには交通の便の良いところである。ここに家を借り、妻子を真野《まの》村の実家に残して仕事の拠点とした。重森三玲から個人指導を受け、いけばな批評を寄稿していた時期である。前年の秋からは、専正池坊の機関誌「大道」の編集を担当していた。

いけばな入門の頃、京都で出会った人びとに近寄りがたいものを感じ、「滋賀の田舎出」を自認していた中塚だったが、いまや彼自身もいけばな批評で花道界に名を知られ、さらに雑誌編集にたずさわる人物となっていた。

古い地図（一九三六年）を見ると、「大津市桝屋町」は、当時からある京阪電鉄の石山坂本線《いしやまさかもとせん》と、京津線《けいしんせん》の交差地点から西南に広がる一角にあり、目立つ建物としては、大津高等裁縫女学校（滋賀短期大学の前身）と大津郵便局があった。これらの建物はもうないが、一九八一年、大津市打出浜《うちではま》に移転した郵便局の跡地に大津市立図書館が開館した。現在の浜大津二丁目と長等《ながら》三丁目のあたりで、地図を見てはじめて、第一芸文社はこの図書館の近くで誕生したことがわかった。

出版社をおこした動機について、彼は「私は本を発行するという仕事が好きだった。いわば、仕事に惚れこんで、出版を始めたのである」と記している（「花泉」一九六九・四）。独学時代に校正の通信教育を受講したこともあった。しかし本の出版に関する知識も経験もない。ただ「その仕事が好きである」という一念と、幸いにも創業に必要な資金があった。

晩年の京都新聞のインタビュー（第七章）でも、親の遺した定期預金五万円があったと答えている。雑誌編集の経験があるとはいえ、出版業に関しては素人である。真っ先に相談したのが重森三玲で、社名は重森と話し合って決めた。

さて、出版をやるには先ず社名をつける必要がある。（私はそう思っていた。）この事で先生にご相談し、何回か話し合って決定したのが〈第一芸文社〉である。この名前に決まるまでにいろんな名をあげて検討した。出版社名簿を見ると、こちらがつけたいと思う名は大抵どこかにある。芸文社というのもあった。あったが、この芸文という名は気に入ったし、私が出そうとする本は芸文関係の物だったので、この〈芸文〉はぴったりすると思った。そこで、既存の出版社と区別するために第一芸文社とした。この〈第一〉というのは別に意味はなかった。（「花泉」同前）

こうして桝屋町の家には、「第一芸文社」という大きな看板が掲げられた。ペンキ塗りの安っぽいものだったが、この看板を見た近所の人から「何をやるのですか」とよく訊かれたそうだ。なかには印刷屋と誤解した人もいて、機械の騒音をおそれて文句を言われたこともあった。具体的な企画も準備もない状態で、まさに看板のみの出発である。当初は事情通の人たちから、出版社の所在地が大津であることは不利、たとえ本の内容が良くても、奥付を見ただけで低く評価されるという忠告も受けた。しかしその頃はまだ、大津を離れてまでやろうとは思っていなかった。

看板を掲げたのが一九三四（昭和九）年の何月であったのかはわからない。同年の九月に父の庄五郎が亡くなっている。最初の本が世に出たのは二年後の三月なので、花道誌の編集を行いながら、しばらくは看板のみで企画を考えていたようだ。

## はじめての出版

第一芸文社の最初の本は、重森三玲著『挿花の観賞』である。一九三六（昭和一一）年三月二〇日付で刊行された。直前の二月、陸軍青年将校らによるクーデター「二・二六事件」が起こり、翌日から五カ月近く、東京には戒厳令がしかれていた。この年、第一芸文社は四点を刊行している。山根翠堂『生花の芸術』をのぞく三点を手に取ることができた。『挿花の観賞』は県内にはなかったが、いつもの利用館で県外図書館の蔵書を閲覧することができた。表紙は紫がかったえんじ色の布製、背表紙の文字は金箔、花布は赤。奥付の発行者名は「中塚悌治」ではなく、実名の「中塚道祐」となっていた。

「花泉」（一九六九・四）の「出版をはじめた頃」によると、本来の造本仕様は「菊判の上製本、本文の用紙はクリーム色の厚手の上質、口絵写真は厚手のアート紙、扉と見返しは和紙、表紙は小豆色の紬の布張り」で、もちろん箱入り。図書館の蔵書は原則的に箱をはずすためか、閲覧した本にはなかった。定価は三円五〇銭。他の一般的な本（一円〜二円）に比べるとかなり高価である。

発行部数は一〇〇〇部だった。中塚は原価計算もままならず、印刷所との交渉も満足にできない状況で、「印刷の知識を持つということは出版をやる者の基礎である」と述べている。本書は印刷にいたるまでにいろいろな苦労があったようだ。有名な家元の作品を「菊判一頁一枚」で掲載するために、家元との交渉や写真撮影など、すべてがそろうまでに何度も連絡しなければならなかった（「花泉」同前）。

本書の作品協力者として、第一章にも登場した勅使河原蒼風、諸泉祐道、小原光雲《おはらこううん》、山根翠堂らの名があげられている。さらに巻末には五〇頁を超す「日本挿花史年表」（神武元年―明治元年）が付されていた。

重森の「緒言」を要約すると、「本書出版の目的は、明治以降、西欧の文物の流入によって日本の純粋芸術と考えられる庭園、茶道、挿花というものが軽視されてきたが、庭園、茶道は近年、専門書の出版も発展している。しかしいけばなはまだそこまで行かないので、まずは一般への理解のために、挿花観賞上の必要事項を述べる」ということになる。

第一章は「挿花芸術の略史」、第二章は「挿花芸術の様式と手法」、第三章は「挿花芸術の観賞と批判」という構成。あらゆる挿花芸術に理解を持つことや、いけばなだけでなく、他の一般芸術（建築・絵画・庭園・彫刻・工芸・音楽）等にも通じる重要性が説かれており、巻末の「結尾」（重森記）に、次のような出版者の意図が記されていた。

出版者の要求によつて、廿日間で書き上げた本書である。もとよりそれは文字通りの昼夜兼行であつたがそれにしても甚だ今本書を顧みて意の満たないものがある。然し本書を廿日間で完成したと云ふことは、書上げるだけが廿日間であつて著者二十年来の斯界に対する微力が、本書をして短期間に書き上げさせる成因を成してゐるのである。だから実際には、文章の推敲とか、文献の渉漁《ママ》とか、思索の低級と云ふ点に物足りなさを見出すのであるが、今日の我が愛する挿花界には、一日も早く本書の如き形式をもつものが必要だとされる出版者の意は、又著者にとつても首肯されるものがあつたので急に完成することゝしたのであつた。

（『挿花の観賞』傍線・筆者）

いったいどの時点で、執筆期間が「廿日間」となったのか興味は尽きないが、いずれにしても、重森と中塚の間には並々ならぬ信頼関係があったのだろう。前章末で、中塚のいけばな批評が、師の重森三玲に欠落している社会性に言及しているという指摘を紹介したが、いけばな芸術に対する「新興」や「前衛」という概念への共感は、二人に共通していたと思われる。右の「結尾」からは、中塚の強い要請があっての出版だったことがわかる。

中塚によると、いけばなの本は書店での販売よりも、花の指導者をとおした個人売りが大半だったようだ。また新聞の全国版や、花の雑誌に広告を載せたことによって、第一芸文社の名が広く知られたほか、花道関係者へ宣伝の印刷物を送ることによって多くの花道家を知ることができた。

『挿花の観賞』には、第一芸文社の近刊予告として、芸術関連書のタイトルが掲載されている。これを見ると、この出版社が当初めざしていた「芸文」の方向性を理解できる。まず「伝統芸術叢書」として、重森三玲による『日本の庭園』・『茶道の賞翫』。「滋賀県美術大観」として滋賀県の建築・庭園・仏像などがあげられている。誕生したばかりの個人出版社としては、かなり豪華な企画である。しかし滋賀県シリーズは立ち消えになったようだ。また重森の著作は、のちに『挿花の研究』と『庭の美』の二点が同社から刊行されている。

## 北川冬彦との出会い

詩人の北川冬彦さんに手紙を出したのは、たしか昭和十年頃である。その頃、私は北川さんを知らなかったので、この手紙は未知の人に出す初めてのもので、内心不安であったが、折り返し返事を貰ったので、約束の日に私は上京した。初めて会ったのは東京駅である。東京駅に着いた朝、私は降車口に立ってまごついた。手に本を持っているからそれを目当てにしてほしい、とあっただけで、顔も姿もどんな方であるか全然わからなかったからである。

暫く私はぼんやりしていた。ふと見るとこちらを向いて袴を着けた長髪の如何にも文学青年らしい人が手に本を持って立っていた。私はハッとしてその人の前に行って、「北川さんでしょうか」と、言葉をかけた。すると、「そうです」といわれた。これが北川さんとの最初の出合いであった。それから二人で、北川さんのおられる静仙閣アパートへ行った。

（「花泉」一九六九・六）

北川冬彦（一九〇〇～九〇）は滋賀県大津市で生まれた。大津小学校に入学するが南満洲鉄道の技師だった父の転勤で間もなく満洲に渡り、旅順中学から京都の三高に入学している。東大仏法科を卒業後、同大仏文科に入るが中途退学した。

中塚が出会った当時は、すでに『三半規管喪失』『検温器と花』『戦争』などの詩集やマックス・ジャコブの散文詩集『骰子筒《さいころづつ》』の翻訳を世に出し、短詩型、新散文詩運動を展開する気鋭の詩人だった。また一九二七（昭和二）年、キネマ旬報社に入り、映画批評でも活躍していた。中塚は初対面のその日から、静仙閣アパートに二、三泊している。外来客は空き部屋に泊まれるようになっていて、翌朝廊下で見かけたのは絣の着物を着流した作家の中山義秀だったという。

初対面ながら、彼らにはプロレタリア文学運動や前衛芸術運動など、意気投合する要素があった。こうしていけばな関係以外の最初の本、『詩人の行方』の出版が決まった。北川の本は四カ月後にもう一点刊行されているので、これらの企画は同時に決まっていたのかもしれない。どちらも書き下ろしではなく、雑誌などに寄稿したエッセイや批評を収録したもので、間をおかずに出版することが可能だった。

『詩人の行方』は一九三六（昭和一一）年六月二五日付で刊行された。『挿花の観賞』と同じく、印刷者は松崎辰三郎（京都）、発売所は河原書店（京都）。発行者名はこれ以降、筆名の「中塚悌治」を使っている。

北川はいい加減なごまかしを許さず、「活字の大きさ、行間・字間のあけ方、扉や奥付の体裁、表紙のデザイン、製本の具合、特に表紙や扉の文字や挿絵の位置を何処におくか」まで、すべてにわたって厳しかった。箱の絵や挿画は、独立美術協会の洋画家・妹尾正彦の作品を使っている。本の装幀は本来出版社の仕事だが、北川からは原稿と同時に詳細な造本計画が手渡された。

出版社にとっては装幀を考える手間が省けるのだが、中塚は著者（東京）、印刷所（京都）、出版社（大津）の三ヵ所を往き来しながら、両者の連絡調整にあたらなければならなかった。さらに北川の場合は、一般的に二校程度で校了となるところを、四校までとる徹底ぶりだった。間に立つ中塚の労力はもちろんだが、まさに印刷屋泣かせの仕事だったらしい。本づくりの難しさに直面した『詩人の行方』の造本とは、次のようなものである。

この本の表紙は鳥の子の厚手の紙、これは勿論厚手の紙に張りあわせたもので、これの三方を折り曲げたフランス製本、中味はアンカットで厚手の薄クリーム色の上質紙、箱は黒に染めた和紙張り、箱の表と背に三色刷の張り紙、奥付の検印紙は馬の絵の和紙刷り、といったもので、随分手のかかる本である。

（「花泉」同前）

北川の本には相当苦労したようだが、中塚にとっては素人出版から一人前の出版社になるための貴重なステップとなった。後日入手した本書はかなり大判（一六〇×二三五）だった。箱も本体も文字は手書き文字、箱はタイトルに妹尾の絵をあしらった紙が貼ってあるが、裏表紙にはない。何よりも目を引くのは本体表紙の絵で、大きな黒い馬と魚や花が描かれていた。

右の文中、「検印紙は馬の絵」とあるが、これは次作の『純粋映画記』のもので、本書は双葉の小枝のようなデザインだった。『詩人の行方』の発行部数も一〇〇〇部。「どこへ出しても恥ずかしくないすっきりした出来ばえ」で、北川の造本計画のおかげとはいえうれしかったと中塚は記している。

書店での販売は取次店を経由する。当時はまだ版元としての実績がなく、発売元を京都の河原書店とし、同店の協力によって関西方面の書店へ配本した。河原書店との縁は、同店が重森三玲の『茶室・茶庭』を出版していたことから、重森の助力があったのかもしれない。東京は北川冬彦の世話で、新宿の紀伊國屋書店や銀座の近藤書店などに直接送って依頼した。新聞広告はせず、詩誌や文芸雑誌に広告を載せた。これも北川の紹介があったため広告料金は安く、また約束以上の大きい広告を出してもらうなど、詩関係の人への案内などが功を奏して、二カ月もすると詩の雑誌や大学新聞などに書評が掲載されるようになった。

本書の「序」には、中塚の名と琵琶湖が出てくる。

もし、現代日本の詩人にして誠実であるならば、彷徨せぬ者とては皆無であらう。私の彷徨ははげしかつた。二進も三進もゆかぬとなると、私は猪突した。しばしば、片寄りが生じた所以である。

しかし、この片寄りは、一どは、誰かゞ犯さねばならなかつたものと、私は信じるがゆゑに、私は、許されてもよいであらう。

石畳の上で、一匹の蜂が引つくり返つてじたばたしてゐる。長い時間かゝつて、彼は起き上つた。湖を囲んでいる山々は、紫色に煙つてゐる。

こゝに集められたものは、恐らく私の一生の中でも忘れることの出来ぬ重大なる一時期に書かれた。この書が、私の生を享けた此地の中塚悌治氏の手によつて世に出ることゝなつたのは、偶然のことゝは思はれない。

昭和十一年五月下旬

琵琶湖々畔にて

北川冬彦

『詩人の行方』はエッセイ集である。現代の視点から見ても、問題意識を刺激されるテーマが少なくなかった。たとえば「田中令三氏に」のなかで北川は、自らマルキストをもって任じたことは一度もなく、自分のプロレタリア文学への傾倒やプロレタリア作家同盟への加盟については、「私にとつてマルキシズムは憧れであつたのです。政治と文学とを真に一致させるのは、この境涯だと信じ」た結果であったと記している。

また「マルキシズムで現実が割り切れるかどうかを実験して見たとでも云つて見ればいゝのではないか」として、ヒュメーン（ヒューメン）とイデオロギーは矛盾するものではなく、むしろ、「ヒュメーンなくして、何のイデオロギーぞや」と問うている。さらに「新散文詩」や「新叙事詩」など、次々と論を説くのは、「それが役割を果たせば、どしどし棄てゝいゝ」と考えていたからであり、このぐらつきや矛盾、中途半端、できそこないこそが、今日における「真実」であって、そうでないものこそ「嘘つパチ」だという文章もある。
本書には一行のみの短文があり、「何故詩を書くか」と題されている。

「私」の中の「私たち」を立ち上らせるために書く。（昭和六年四月）

**「おやめになったほうが……」**

第一芸文社三点目の出版は、同じく北川冬彦の『純粋映画記』である。『詩人の行方』から四ヵ月後の一〇月に刊行された。北川にとっては初の映画評論集であり、第一芸文社としてもはじめての映画書である。

奥付を見て、本書と『詩人の行方』には少し異なる部分があることがわかった。印刷所、製本所が東京に変わり、発売所も東京堂、北隆館、大東館、柳原書店、栗田書店となっている。検印紙の図柄は馬。『詩人の行方』の造本が難しかったことから、北川の紹介で東京の業者に依頼したと思われる。

「花泉」（一九六七・一二）には、本書の見本を持ち、北川に伴われて発売所（取次店）回りをしたことや、北川から「たとえ地方にいてもその精神は丸の内におかなければいけない」と言われたことなどが書かれている。東京堂の支配人か部長のような人は、「地方でやることはむずかしいのでおやめになったほうがいいでしょう。相当な資金と年月をかけないと成功しませんよ」と忠告してくれた。

その言葉は中塚をがっかりさせたが、「田舎出版の私のためをおもって親切に忠告してくださったのか」と思うことにした。それでも東京堂は配本を引き受けてくれたので、隔月に一回は上京して支払いを受けた。以後、一九四一（昭和一六）年の出版統制により、配給元が一元化されるまで、東京堂との付き合いは続いた。

また「花泉」の同じ文章の中に、東京堂で支払いの順番を待っていた時、「野田書房」の名が呼ばれ、「ハッとして顔を上げると四十才位の頭の少し薄くなった人が会計の部屋に入るのを見た」という部分がある。

この野田書房というのは限定本を出しているところで、その本は私もみたことがある。少いもので百八十冊、多いものでも五百冊あまり、ごくすくないものになると百冊くらいの本もあった。いずれも良心的な出版で、用紙、活字の配列、装丁などはすっきりとして、本に愛着を持って長い期間かけてつくりあげたという本である。芥川龍之介氏の「地獄変」という本は菊判の上製本で表紙は紺色の布張りで、本文は五号活字で刷っていた。薄い本であったが、定価は五円であった。五円の定価といえば当時としては高い本である。

この野田書房の主人はたしか戦後に自殺されたときいている。時代が変わってきて限定本を良心的に出すことができなくなったのであろう。戦後の生活環境の変化に負けてしまったのではないかとおもう。

（「花泉」一九六七・一一）

右の文章で、野田の死を戦後としているのは誤りである。野田誠三は一九三四年、二三歳で出版社をおこし（奇しくも第一芸文社と同年の創業）、堀辰雄『美しい村』、芥川龍之介『地獄変』などの少部数・限定出版を手がけ、内容だけでなく造本の細部にまで徹底してこだわった「純粋造本」を確立したとされている。昭和初年代の「円本」ブームなどで、安価な本が大量に出版される状況に背を向け、本そのものをも作品とみる姿勢を貫いた。

しかし中塚も指摘しているように、高価な限定本では利益を上げるのは難しい。経営の悪化と、追い打ちをかけるような印刷所の火事による原稿の焼失が続いたのち、三八年、堀辰雄『風立ちぬ』を刊行して間もなく命を絶った（「図書の譜」明治大学図書館紀要1号　Meiji Repository: 中村

雅士「純粋造本—江川書房と野田書房」)。

中塚が東京堂で見かけた野田書房の人物が、誠三本人であったのかどうかはわからない。中塚は野田の死を知ったときには大きなショックを受け、「先ず思い出すのは東京堂でみたどことのうさびしそうな姿である」と記している。戦後の生活環境の激変に関係づけて野田の死を思いやっているのは、それが中塚自身の体験でもあったからだろう。その記憶と重なる時期に、野田の死を知ったのかもしれない。

中塚は右の文章を「出版という仕事は良心的であるということは第一の条件であるが、激しい競争に打ち勝つためにはこの良心的ということがかえって邪魔をすることさえある」としめくくっている。

『純粋映画記』には、「第一芸文社月報」第一号という付録がついている。本書以降の月報の有無は確認できなかった。北川の交友関係を反映する詩人や作家、映画批評家たち三八人が推奨の言葉を寄せている。

文学史でおなじみの人々としては、伊藤整・丹羽文雄・谷川徹三・青野季吉《すえきち》・三好達治・古谷綱武・武田麟太郎・高見順・窪川稲子・徳永直《すなお》・伊吹武彦ほか。映画批評家としては、その後の第一芸文社の本によって名を知ることとなる岩崎昶《あきら》・飯島正・飯田心美《しんび》・清水光《こう》・杉本峻一・大熊信行などが寄稿している。

寄稿者の中に菊岡久利《くり》（一九〇九―七〇）の名があった。第一芸文社から北川の著書が出版された同じ年の一月、菊岡は『貧時交』（第一書房）という詩集を出している。横光利一に師事し、詩誌「歴程」で中原中也と同人仲間だった。北川は『詩人の行方』でこの詩集をとりあげ、二つの長編詩は感心できないが「近頃になく、爽々しい思ひをさせてくれたものゝの一つ」と評している。

菊岡については、出身地の青森県近代文学館のホームページ上に解題が公開されている。それによれば彼の人生は、一〇代にしてアナーキズム運動に没頭、武闘闘争も辞さない過激な活動家だったが、後年の詩作品として結晶するまなざしは、一貫して「社会的弱者」に注がれていたという（https://www.plib.pref.aomori.lg.jp/top/museum/shijinkuri.html）。

ところで、月報の菊岡の文章には「花と芸術」という誌名が出てくる。

北川冬彦氏の映画に就いて書かれるものは、北川氏の他の領域に就いて示されるものと同様、発見と戦争の歴史でありませう。実に独特境の戦略家と覚えます。わが国には大した数量の映画批評家が居りますが、北川冬彦氏はその気骨を信用出来る第一人者であります。僕は北川氏の島津保次郎氏への論戦と「家族会議」への感想は忘れられません。僕は現在営業演劇界に没入して居りますが、その方面でも、この気骨ある評家は極はめて極はめて、稀であります。僕も執筆したことのある大津の「花と芸術」誌上で今度北川氏の過去十年間の労作選集「純粋映画記」が出版されるよしを知り、是非、日頃僕等が見る映画と、玄人の見るそれとを照合せんものと待望鶴首いたします。

（「第一芸文社月報」第一号　傍線・筆者）

菊岡は『貧時交』を出版後、文筆業に専念するための定収入を求めて、新宿の「ムーラン・ルージュ」の企画・宣伝を担当した。「営業演劇界に没入」とあるのはそのことであろう。右の文章で注目されるのは「花と芸術」で、第一芸文社の発行図書リストを作成中、まったく手がかりがなかったのがこの雑誌だった。のちに「花泉」の「私の知った花道家（二）」に、次の箇所を見つけた。

昭和十二年頃に私は「生花芸術」（筆者注・「花と芸術」の誤り）という雑誌を出した。この雑誌は口絵写真八頁、本文四十頁程度の薄いもので、花の写真や随筆を毎号掲載した。この雑誌を通じて当時の花道家のいろんな人と交渉を持つようになった。今、北九州市に在住の真生流（現在草月流）の竹村梢風氏、清風流家元の町田一碧《いっぺき》氏を知ったのもその頃である。また、高知市の士峰流家元の立石一有氏なども知った。立石氏といえば、その頃、前田紅陽氏の編著で、「立石一有作品集」という、百五十頁くらいの本を出した。

（「花泉」一九六五・一二）

月報には、生花芸術研究雑誌として「花と芸術」の自社広告が掲載されているので、「昭和十二年頃」ではなくそれ以前から刊行されていたはずである。右の文章によって、その後第一芸文社から出版されたいけばなの本と著者との関係が理解できた。ただし雑誌は国会図書館のデータにもなく、古書店の在庫リストでも手がかりはなかった。

菊岡久利がこの雑誌に寄稿していたのは意外だった。読者を限定して発行される業界誌的な雑誌には、著名人の随筆などを一種の彩りのようにあしらっているものもあるが、中塚の手がけたいけばな雑誌は、芸術としてのいけばなの創作力や観賞眼をきたえるために、意識的に幅広い分野の見識を伝える寄稿を載せていたと思われる。

## 北川冬彦『純粋映画記』

さて、『純粋映画記』をひもとくことにしよう。妹尾正彦の絵が表裏に張られた箱から本を取り出す。表紙は白と濃紺の太い格子縞の布張りである。

「雲の団塊、／一大懸崖のやうな。／一瞬、／内部が輝きわたる、――自己照明だ。」という力強い「序」。題字の裏には、この書がいわゆる「純粋映画」を記述したものではなく、映画の「純粋精神」を探求した記録であると記されている。「純粋映画」とは一九二五年前後にフランスで生まれた前衛映画運動のひとつで、「光とフォルムとリズムを追究し、映画における視覚の純粋性をあらわそうとした」ものだという（『現代映画事典』美術出版社・一九六八）。

目次は巻末にある。「映画芸術」「日本映画の方法」「旧聞」の三章で構成され、四九編の批評を収め、「跋」は滋野辰彦が執筆している。多くは「キネマ旬報」「映画集団」などに掲載された批評だが、当時の映画事情に通じていなくても興味深く読める。

北川は批評の主観化について、「私に興味があり、信用するものは、良かれ悪かれ、批評家の直感の披瀝されたものだ。借りものでない批評、その人をムキ出しにした批評、そんなものでないと信用して読めないのだ」と書いている（「映画批評の主観化」）。「『映画作家一言集』その他」という文章では、のちに第一芸文社から多くの本を出版する今村太平の「資本主義音画の新傾向について」をとりあげている。

当時の映画（今村いうところの「資本主義音画」）が、演劇のトーキー化となって氾濫しているのは、トーキーという機能が現実の直接的な正しい反映として使用されず、逆にそこから遠ざかる手段として用いられているからで、演劇と文学から何らかの救いを求めるに至らしめ、その救いが悲惨の美化、抒情化に依っているという今村の指摘を評価している。

北川はこの指摘を肯定しつつ、資本主義音画がそうであるならば、どうなれば良いのかと問い直し、資本主義に対比されるのはサヴェート（ソヴィエト）だが日本はサヴェートではない、ここにこの論の食い足りないところがあるとして次のように続ける。

客観批評であることは同時に主観批評でなければならぬのだ。私たちの批評は、いまゝで一見客観的と見えた社会学的モノサシ批評を捨てたところから先づ出発せねばならぬといふ立場から、先頃私は映画批評の主観化と題した一文を書いたが、主観化といふことをい丶加減なカンで批評することと取られると間違ひが起つてくる。私のいふ批評の主観化とは、批評の客観化のための主観化なのである。

（『純粋映画記』四六頁）

本書で目立つのは、映画監督・伊丹万作への言及の多さで、「伊丹万作と散文精神」「伊丹万作の映画論」「伊丹万作その人」、監督作品の『國士無双』『忠次売出す』をあげ、他のタイトルの文章にもたびたび登場する。北川がいかに伊丹を高く評価し期待していたかがわかる。「日本映画の担い手」でも、伊藤大輔、溝口健二、小津安二郎、成瀬巳喜男とともに取り上げている。

伊丹万作は、日本映画監督の中で、只一人の物を考へる人だ。物を考へるとは、ときに、鋭い映画論の片鱗を諸雑誌に示すことを云ふのではない、伊丹万作が映画で物を考へることを云ふのである。

伊丹万作こそは、映画を作るとは、画面や字幕を通し作者の思想を伝へることだと、はつきり自覚してゐる人だ。

（同前一一五―一一六頁）

一言で云へば、伊丹万作の精神は懐疑にあるのだらう。そしてそれは、否定を通しての肯定的精神となつて、作品の中に、結実するのだ。――こゝから、人々は「諷刺」とか「反抗」とか「諦観」とかを引き出してゐる。近作「武道大鑑」は肯定的精神の色濃いすぐれた作であつた。

（同前一一八頁―一一九頁）

「映画の社会的地位」という文章では、トーキーの日本映画にはまだ見るべきものがなく、伊丹万作の『忠次売出す』一作のみとし、サイレントとしては小津安二郎の『生れてはみたけれど』『出来ごころ』、伊丹万作の『國士無双』などに、文学をしのぐ芸術性を認めている。

ここでも映画が単なる動画、トーキーの技術的新奇さや、スター主義による大衆娯楽的な位置に留められている状況から、映画芸術への昇華を志向する批評活動を見出すことができる。いけばなを伝統の枠から解放し、自由な「芸術表現」へ高めようとした中塚たちの新興いけばな運動を想起させる。

「京洛映画日記」には、伊藤大輔、伊丹万作、片岡千恵蔵が登場する。千恵プロのセット内の雰囲気が何となく朗らかであることにふれ、これは彼の人柄が、撮影所全体の空気に反映していると思われたと記している。俳優・片岡千恵蔵は自前のプロダクションを持ち、第一作が伊丹万作の脚本、稲垣浩監督の『天下太平記』だった。

他にも興味深く読んだ文章は多いが、最後に「満鉄映画」を取り上げたい。

北川の父が満鉄職員だったことから、少年期の過半を過ごした土地へのノスタルジーと、「満蒙といふものが政治的に経済的に重大な問題を孕んでゐることへの関心」の二点から、満鉄映画の試写を異常な興味をもって観たと述べている。満鉄映画には、(一)会社事業紹介、(二)満蒙事情紹介、(三)劇的に仕組んだ満蒙映画があると分類しているが、彼が試写で観たのは(二)である。

北川は、これらの映画を注意深く観れば、技術的に雲泥の差はあっても単なる実写映画ではなく、ソヴェートロシアの記録映画と同じ性質・同じ方法で製作されていると指摘している。もちろん満鉄映画は、日本が対満政策具体化の第一線に立たせた「南満洲鉄道株式会社」の国策宣伝をになうものではあったが、当初は事業記録として制作されたらしい。

試写で観た五本のうち『満洲雑景』は、フォックス・ムービートーン・ニュース班から満鉄が貰ったもの、他の四本のなかで一番まとまった作品が『ガンヂュウル』だったという。蒙古の草原で一年に一回開かれる交易の市を撮ったもので、北川は「支那商人の持ち込んでゐる雑貨類の八割まで日本製品であるのは意外である」と書かれた字幕をとりあげ、その一文の意味するところを見逃してはならないだろうと述べている。また『興安高原の秋』では、「日本の北満政策の手が、こんなところへまで延びてきてゐる」として、美しい白樺林を横切る鉄道沿いの丸木小屋の屋根にひるがえる日章旗と、漢字・ロシア文字で小屋の板壁に書かれた「満鉄財産」に注目している。

残りの『国境の唄』『北満の感触』には、「うつすらではあるが、政治的経済的な意味が隠されてゐる」のを感じ取り、「ノスタルジーを感じる満蒙の風物の中にうちこんである刺げを見た」と結ぶ。

この批評を書いたのは一九三一（昭和六）年四月。九月に「満洲事変」が起こり、三二（昭和七）年三月一日、満洲国が樹立された。

第一芸文社刊ではないが、北川の第三詩集『戦争』（厚生閣書店・一九二九）を関東の古書店から取り寄せた。書名となっている「戦争」は、「義眼の中にダイヤモンドを入れて貰つたとて、何にならう。／苔の生へた肋骨に勲章を懸けたとて、それが何にならう。」で始まる。横光利一は序文で、北川の視線を「厳格な睥睨《へいげい》」と表現している。もっとも印象に残った一編をあげておきたい。

## 壊滅の鉄道

軍国の鉄道は凍つた砂漠の中に無数の歯を、釘の生えた無数の歯を植えつけて行つた。

突然、一かたまりの街が出現する、灌木一本ない鳥一匹飛ばないこの凍つた灰色の砂漠に。

芋虫のやうな軌道敷設列車をめぐつて、街の構成要素が一つ一つ集つてくる。例へば、脚のすでに冷却した売淫婦。

一連の列車の中の牢固とした階級のヴアリアシヨン。

軌道は、人間をいためることによつてのみ完成される。人間の腕が枕木の下で形を変へる。それは樹を離れる一葉の朽葉よりも無雑作である。

軌道の完成は街の消滅である。惣ち、一群の人間は散つて了ふ。

砂漠は砂漠を回復する。一本の星にとどく傷痕を残して。

軍国はやがてこの一本の傷痕を擦りへらしながら腕を延ばすのである。

没落へ。

（『戦争』）

日清、日露戦争を経て手中にした特権的地位を守り、権益の拡大強化のための中心的機関であった「満鉄」、と北川は前掲の満鉄映画評の中で書いた。当時の彼は、仮面の下に隠されている領土拡大の野望と、戦争が胚胎する残酷な本質、そして軍国日本の末路を見すえていたと思われる。

## 佐後淳一郎『四季』

一九三六（昭和一一）年一一月、真生流家元・山根翠堂の『生花の芸術』を刊行して、第一芸文社の一年目は終わった。いけばな関係書を二点（重森三玲、山根翠堂）と、北川冬彦の著作二点、また発行した号数は不明だが、雑誌「花と芸術」も出した。

単行本は発行年で見ると四点だが、実はもう一点、年内に印刷を終えた本がある。滋賀郡坂本村（現大津市）在住の歌人、佐後淳一郎（一九〇六―四八）の句集『四季』である。奥付の印刷日は「昭和十一年十二月二十四日」、発行日は「昭和十二年一月一日」となっているため、巻末の発行書籍リストでは一二年の刊行とした。

前年から準備が始まっていたと思われるものもあるが、中塚はこの一年で実質五点の単行本を編集・刊行したことになる。素人出版の不安を抱えていたにもかかわらず、またいけばな機関誌の編集を続けながらであったことを考えると、まずは順調な出発であった。

ところで佐後淳一郎は、『御大礼記念滋賀県歌人歌集』の編者として第一章に登場している歌人。同じ滋賀郡の住民でもあり、中塚との交流は早くからあったようだ。犬上《いぬかみ》郡多賀町に生まれ、関西大学法文学部英文科を中退。一九二二年から短歌と俳句の創作に入り、二六年には米田雄郎らと「滋賀県歌人連盟」を結成した。新興俳句運動にも参加し、進歩的な作風で注目されたという（『滋賀近代文学事典』）。

坂本村在住を経て、高島郡安曇川町西万木《あどがわちょうにしゆるぎ》（現高島市）の天台宗来迎寺《らいこうじ》住職となり、安曇川短歌会を設立している。滋賀新聞などの歌壇選者をつとめ、一九四八年、没した。第一歌集『土のしめり』（滋賀県立図書館蔵）は、一九二五（大正一四）年に発行された私家版で、二五頁の小冊子。若くして作歌を始め、関西歌壇で将来を嘱望されていた。

『四季』も滋賀県立図書館にあった。奥付の発行者名は「中塚悌治」、印刷日、発行日は前述のとおり。ところが第一芸文社の所在地は、大津ではなく「京都市新町下立売上《しもたちうり》ル」に替わっていた。

『純粋映画記』の奥付では大津市だが、その付録である「月報第一号」では京都支社としてこの下立売の住所、東京支社として加利屋印刷の住所が記載されており、これらは地方在住出版社の不利を指摘していた北川や取次の東京堂のアドバイスを受け入れた結果ではないだろうか。『四季』の発売所は東京堂のみが記載され、印刷所は京都の松崎印刷所となっている。中塚はこの時点で、すでに京都へ出版社を移していたようだ。一九三七（昭和一二）年刊行の本書以降、第一芸文社は滋賀県大津市を離れて、京都の出版社となった。

『四季』の検印紙の図柄は魚で、やはり七・五㎝×四・八㎝と大きい。『純粋映画記』の馬の検印紙と同じ大きさで、これも妹尾正彦の絵であろうか。

佐後は歌人として活躍していたが、「跋」には「歌でなくてはならぬと感じた時は歌ひ、十七字詩型の端的を欲する場合には句に表はして来たまで」とあり、掲載句数は三八七句、短い散文が数編、「集中一部の緩衝地帯を置く試み」として挿入されている。

「跋」の終わりには「この句集が年来の畏友中塚悌治氏によつて出版せらるゝに至つたことは、私として此の上もない喜び」と書かれていた。一五一頁だが厚みのある本に仕上がっている。

造本は表紙の三方を折り込むフランス装で、薄いクリーム色のカバーがついていた。

ところで図書館から借りた『四季』には、大きな難点があった。小口を切らない製本の原形を知るには役立ったが、この本は大半がアンカットのままだったのだ。利用者が勝手にカットすることははばかられ、やむなくそのまま返却した。しかし閲覧可能だった数頁が散文の箇所で、みずみずしい表現に心ひかれた。その結果やはり全文を読みたくなり、東京の古書店から取り寄せることにした。

さすがにこの本はほとんどの頁がカットされていた。佐後が「端的を欲する場合には」と書いているように、俳句のほうがイメージが鮮やかである。四句目は「遠い戦争」、五句目は「大津練兵場」と題されている。

さくさくと歯に泌む夏の月を食《は》む
二十八宿の星は山べに蛇ねむる
屋上にけだものなげく秋のまち
たたかへる跣足《はだし》のおとや勲章花
塹壕に春の雨水《あまみず》たまりけり

ところで最も印象に残った散文というのは、次の「暮春のころ」の一節である。

菜の花が真黄に咲く頃は、藤の花が紫を綴り、つつじの花も紅に照る。

近江の湖は、私の視野にほのぼのと瀰漫《びまん》する。たまたま刃物のやうな若鮎が、すばしこく水を切つて、銀の飛沫を水面に昇げると、私の爽やかな初夏への情熱が刺戟される。

繊細な、而もハツラツとしたあの青い魚の生活こそ、暮春の哀感の中に、唯一つ夏を示唆する香気と光線である。

（『四季』六二頁）

佐後が「年来の畏友」と呼んだ中塚との間にはどのような交流があったのか、中塚が書き残してくれなかったのが惜しまれる。

第三章

# 映画書出版へ 1937-39

# 1937（昭和一二年）

## 季刊「シナリオ研究」

『四季』に続いて一九三七（昭和一二）年五月に刊行したのが、季刊「シナリオ研究」第一冊。第一芸文社を特色づける映画書出版は、この雑誌の発刊から本格化した。中塚は「花泉」の「映画書出版の頃」に次のように書いている。

北川冬彦さんの企画で出版する事になった「シナリオ研究」は季刊雑誌で、頁数は約二百頁、用紙はコットン系の厚手の物を用いたので可成り厚味のある雑誌になった。サイズは菊判（A5判）であったが周囲を断ち切らないアンカット製本にしたので菊判より大きくみえた。今のA5判の雑誌に比べるとひとまわりは大きい。それだけに見栄えがあり、雑誌というより本という感じがした。（…）

この「シナリオ研究」は好評だったので書店でもよく売れたが、出版元への直接注文も多かった。その後私は映画書を続けて発行したが、映画書の発行元としてその存在をいくらかでも認められるようになったのはこの「シナリオ研究」の発行があったからだと思う。それからもう一つ、この季刊雑誌は宣伝価値があった。本の広告が出せるから、それによって本も売れるという結果になる。すべて出版物というものは何点か発行してその中で一つ好評を受ける物が出ると他の物も同時に売れることになる。また季刊誌は経営の面でもやり易い。用紙・装丁などを工夫することによって普通の月刊誌に比べて高い値段がつけられるからである。勿論内容がよくなければいけないが、とにかく少部数発行でもある程度この季刊誌は採算がとれると思う。私はこの季刊誌を発行する事で新しい経験をした。この経験は貴重であった、と私は今も思っている。

（「花泉」一九六九・八）

「シナリオ研究」第一冊～第四冊の復刻版（合冊）が、『コレクション・都市モダニズム詩誌第16巻　映画と詩Ⅰ』（ゆまに書房・二〇一二）として出版されていたのは幸運だった。図書館で借りたのは、原寸より若干縮小されているというものの、四冊分で七八四頁の分厚い本である。

編集発行者である「シナリオ研究十人会」（以下「十人会」）の会員は、飯田心美・井原彦六・堀場正夫・大黒東洋士《とよし》・瀧口修造・浅野晃・沢村勉・滋野辰彦・北川冬彦・杉本峻一の一〇人。また会友として、萩原朔太郎・神原泰《たい》・辻久一《ひさかず》・清水光の四人の名がある。井原彦六は、第二冊を発行後の八月、三六歳で急逝した。第三冊には彼を追悼する欄が組まれ、同号より会友の辻久一が会員となっている。

第一冊の編集後記には、「実際のことを云ふと我々が十人会を設立したのは昨年七月、その頃は未だ機関誌発行の議は出ず互にシナリオ創作の実践行動に力を集中してゐたのだが、やがて機熟して茲《ここ》に『シナリオ研究』の出現をみるに至つたのである」と書かれていた。

第三冊の追悼記事によれば、最初に発刊を提唱したのは井原だったらしい。その企画を中塚につないだのが北川冬彦ということになりそうだ。すでに北川の本を二点出版していたので、「十人会」の機関誌発刊には、第一芸文社の存在も影響していたと思われる。同人誌的な刊行物として、第一芸文社が発行元を引き受けたということだろう。

本誌を印刷した加利屋印刷所（東京）は、前年の北川冬彦『純粋映画記』以来、「シナリオ研究」や伊丹万作の『影画雑記』などの印刷を手がけている。後年中塚は、加利屋印刷が実質的に第一芸文社の東京支店のようだったことや、上京時には駅まで出迎え、帰りには土産を用意し、取次店への本の配達や返本の扱いもすべて無償でやってくれたと記している。

「シナリオ研究」は好評で書店でもよく売れた。五月一日発行の第一冊を皮切りに、同年七月、一〇月、翌年三月の第四冊までを第一芸文社が刊行した。以下、四冊について概観しながら当時の映画批評の世界をのぞいてみよう。

***

「シナリオ研究」創刊号（第一冊）には、発刊の趣旨説明に相当する記事はない。北川冬彦は同誌の「雑記帖」という文章の中で、「演出のレベルが、あるところまで昇った今日、映画作品を決定するのは、まさにシナリオだ。これは動かすことの出来ない事実だ。われわれがシナリオ熱を挙げる所以である」とし、彼自身がめざすのは、シナリオにおけるセリフ以外の文字をセリフと対等な位置におくことだと述べている。また杉本峻一について、彼が脇役の重要性を取り上げていることを評価し、日本だけでなく現在の映画の問題点は主役重視と、その結果としての庶民精神の欠如であると指摘している。

同人会員のほかに倉田文人、今村太平、岩崎昶らが寄稿しているが、その後、第一芸文社から映画論やシナリオ論を出版した人や、映画関係叢書の執筆者たちが顔をそろえている。巻末には会員たちが短文を執筆。「覚悟」と題する滋野辰彦の文章によって、「十人会」では会員が順番に当番委員をつとめ、任期は一年としていたことがわかった。

滋野は「十人会」の仕事は長期的に継続させる必要があることと、「雑誌を作ることは好きでも、みんな商売には暗いから、これから先も思ひがけない障害の涌くこともあらう。まづその方の覚悟も今のうちから決めておきたいと思ふのである」と述べている。はからずも一年後には、現実問題としてこの覚悟を試されることになった。

第一冊巻末の刊行案内では、既刊として『詩人の行方』、近刊は伊丹万作の『伊丹万作映画論集』、新刊は滋野辰彦の『映画探求』が掲載されている。伊丹の著書は、タイトルを含め内容などはまだ固まっていなかったようだ。ただし序文は「志賀直哉氏」と明記されている。

***

「シナリオ研究」第二冊の発行日は一九三七年七月一日。同月七日の盧溝橋事件を契機に日中戦争が始まった。伊丹万作の「シナリオ雑感」、『闇討渡世』のシナリオと彼自身のコメントが掲載されている。伊丹はいままでに一番力を入れた仕事として本作品をあげ、しかしその反響は努力に反比例したものだったと述べている。

作品は五年前（一九三二年）のもので、検閲で「ずたずたに切られ」たあげく、一般の批評は冷酷を極めたものだったという。特に彼をやりきれない気持ちにさせたのは、「筋が通らない、カットが滅茶苦茶」という批評だった。

私が批評家諸君に望み度いことは、責任を持つて批評をする気持が有るなら、一応どの程度に鋏禍《きょうか》を蒙《こうむ》つて居る作品かと言ふことを調べた上で批評をする深切を持つて貰ひ度いのである。私は決して自分の才能に自信を持つて居る人間ではないが、苟《いやし》くも映画の製作を職業として居る以上、筋の通らない作品や、カットの繋がらない写真丈けは拵へない心算である。

（「シナリオ研究」第二冊）

一方「シナリオ雑感」は論旨明快、時にユーモアをまじえながら、痛快な文章が綴られている。近頃シナリオが難しいとよくいわれるが、小説にしろ戯曲にしろ、何ごともたやすいものなどない。「シナリオがむづかしいと殊更に言はれるのはシナリオが芸術界の新人だからで有らふ。実際シナリオは近頃迄芸術では無かつた」からであり、それは「純文芸を持たない大衆文芸の如きものであつた」。監督がシナリオを書くのではなく、すぐれたシナリオ作家が出てきて、「我々監督共は速かに一人一職に復し度いものである」と。

良いシナリオ屋にめぐり合った監督は出世するが、そうでない監督は落ちぶれるので、良きシナリオの続出を待つしかない。折しも「シナリオ研究十人会」が結成され、「シナリオ研究」が発刊されたということは、「気運は期せずして向いて来たらしい」、季刊というのが「誠に歯痒い。／是非共月刊といふことに成つて貰ひ度い」と激励している。

第二冊の巻末は、北川冬彦の「シナリオ運動の二方向」。シナリオ論はさかんだが作品活動はパッとしない。そもそも運動が「シナリオ文学」運動と叫ばれ出したことが、紛々たる議論を湧き立たせた原因であり、この名称は創作の方法を混乱させたが、一方ではシナリオの芸術的独立を引き立たせたことは確か。そしていまやシナリオ運動には、「シナリオの形式による、文学としての新様式の探究」と、「シナリオの文学化、即ちシナリオの芸術価値の向上」の二方向が存在し、「シナリオ論」は創作の実践によってしか発展しないところまで来たと述べている。

＊＊＊

「シナリオ研究」第三冊は、同年一〇月二五日付の発行。最初の広告の頁で目を引いたのは、伊丹万作の映画論集のタイトルが『影絵雑記』となっていること。発行は一二月なので、依然として編集途上にあったのだろう。予告されている頁数も刊行されたものより五〇頁余り少ない。ただし序文が志賀直哉であることは変わらない。書名についてはもとは「影絵」だったのか、「影画」の誤植だったのだろうか。

創刊号に寄稿していた今村太平が、この号の巻頭に「映画の音楽に就いて」を執筆。また、萩原朔太郎のシネ・ポエム「貸家札」、創作シナリオとして、滋野辰彦「化石物語」や杉本峻一「松坂町界隈」が掲載されている。

同人の寄稿欄では、神原泰の「ニウス映画の危機」に戦時色が明確に出ていた。内容はニュース映画の活況を批判的に取り上げたものだが、あくまでも映画の質に対する批評である。日中戦争を機に生まれた「ニウス劇場の押すな押すな」の活況の原因として、「現在の劇映画が余りにも下らないから」ではあるが、さらに均一料金（一〇銭）であることと、国民の関心の高さや「戦争実写の与へるスリル」、「話題に事欠かさないと心掛けるやうな観客」「事変最中でも何等他人への気兼ねや遠慮なしに大いばりで見られる事」をあげている。

戦場という特異な場は危険で困難がつきまとい費用もかかる。にもかかわらず観客は一刻も早く観たいと望むため、現場を撮影するカメラマンのみとなり、従来の製作要素が消えてしまった。そこでニュース映画の質的向上や永続性をはかるためには、スタッフの組織化と「実写映画製作の意図」をもって、各方面にカメラマンを派遣することを提案している。

同じ欄には北川冬彦の「日記」が続き、その中にポツリと、「誰も彼も事変で浮足立つのはどんなものか」と書かれていた。

他にも「支那事変」（日中戦争）への言及がある。浅野晃（一九〇一―一九〇）は、新宿のニュース映画劇場で出会った亀井勝一郎が、毎週一回は必ず観に来るといっていたことや、映画の画面に夫や父や子、兄弟の姿を一心に探している人たちがいるだろうと思うと厳粛な気持ちになり、「戦線でのわが忠勇なる将兵の労苦をまざまざと目にすると、僕らの怠惰が鞭打たれる」と記している。

なるほど、肉親の映像を求めてニュース劇場に通い詰める人たちがいたのだ。浅野のように自らの怠惰を鞭うたれ、毎週ニュース映画を観ながら、戦場に出たつもりでそれぞれの専門における必死の努力を惜しまないと誓う人もいた。彼はさらに、「一死報国は芸文の戦士の箴言《しんげん》であることを銘記しよう」と続けている。浅野は東大新人会に入り、マルクス主義に傾倒して共産党に入党するが、治安維持法による一斉検挙（三・一五事件）によって拘束され、その後転向する。一九四〇年、「勤王文学としての国民文学」を主張し、国粋的な「国民文学論者」へと変貌した（『昭和批評大系　第二巻』番町書房・一九六八）。浅野は滋賀県大津市生まれ。北川と同郷である。

第三冊巻末の広告欄に、大日本映画協会発行の「日本映画」一一月号の予告が掲載されていた。特集は「戦時日本と映画」。大日本映画協会は、一九三五（昭和一〇）年、映画の国家統制機関として設立された。第一芸文社の社主名は、第三冊から中塚の本名「中塚道祐」となっている。

＊＊＊

「シナリオ研究」第四冊は、一九三八（昭和一三）三月二〇日付の発行。この号から定価を一円に値上げしている。第一冊、第二冊は八〇銭、第三冊は九〇銭。値上げの理由は頁数の増加だった。

自社刊行本の広告では、前年末に刊行された伊丹万作の『影画雑記』が目立っている。白抜きのタイトル文字は伊丹自身の筆になるもので、装幀も著者自装である。広告の末尾に直接注文者への特典が掲げられ、「送料本社負担」「著者サイン本送本」「特典ある優待券贈呈します」と書かれている。従来ならばさして気にもとめなかったところだが、第一芸文社の意気込みを感じた。

この号でも杉本峻一や倉田文人などが創作シナリオを発表し、瀧口修造（一九〇三—七九）がシネ・ポエム「卵のエチュード」を寄稿している。鮮やかなイメージを喚起される作品で、現代アートのアニメーションを連想させる。編集後記ではこの作品について、「卑俗な大衆化を排斥する本誌の使命を最も顕著に示すものだ」と評している。以下はシネ・ポエムの冒頭部分。

卵のエチュード

灰色の空。裸の樹々の枝が、痩せた骨骼を描くのがやつとのことである。だが空を無益に掻きむしつてゐるやうでもある。

手、並べて拡げた両の掌、力なく痩せてゐる十本の指。青年は自分の掌をみつめてゐるのである。それが貧しい肩ら見える。（筆者注・「か」の脱字か）

青年の眼は窪んでうつろであるが、まるく、とがつてゐる。辛うじて生きてゐる唯一のものだ。

鶏卵一箇、土の上に白く輝いてゐる。それは鶏小屋の一隅である。牝鶏がけたゝましく逃げ去ると、青年の手がそれを摑んだ。
田舎の一本道を逃走する青年。
遠くの家の裏木戸からは誰も追って来ない。

（「シナリオ研究」第四冊）

## 「シナリオ研究」第五冊の謎

さて、私のばあいシナリオ研究の採算がある程度取れるということになるといつまでも十人会の方達の労力奉仕というかたちで雑誌の発行を続けることが出来ないことになる。改めて「シナリオ研究十人会」と出版契約をし、やはり原稿料を出して出版すべきであった。当時私はそこまで踏ん切りがつかなかったのでこのシナリオ研究の発行は第五号を発行して中止する事になった。今から考えて惜しいことをしたと思っている。

（「花泉」一九六九・八　傍線・筆者）

国会図書館の書誌では、第五冊の発行元は「シナリオ研究十人会」である。
中塚が手を引いたことに関して、右の文章には「十人会」側の反応や対応などは書かれていない。具体的な経緯や同人たちとのその後の関係は不明だが、とりあえず採算がとれるようになったとしても、自社の雑誌として筆者に稿料を払いながら発行し続けるまでの自信はなかったということなのだろう。

中塚の決断が、「十人会」側の意気軒高たるシナリオ運動に水を差すことにならなかったのか気になっていたところで、発行元の変更に関しては、六月発行の第五冊に何らかの言及があるかもしれないと気付いた。オリジナルの「シナリオ研究」を見たい気持ちもあり、これも運よく古書店から取り寄せることができた。

第四冊まで表紙下部に書かれていた「シナリオ研究十人会編・第一芸文社刊」は、「シナリオ研究十人会刊行」に変更されていた。表紙をめくるといつもの映画広告で、ジュリアン・デュヴィヴィエ監督の『舞踏会の手帖』、日本映画は『国民の誓』で監督は野村浩将、撮影はリヒャルト・アングスト。宣伝文のなかには「これこそ日本映画が全世界に贈る最初の国際輸出映画」とあった。

巻末の映画広告は、同年七月公開の『軍用列車』。宣伝文は「大陸の詩情と大陸のまごころで貫く本格的な半島映画愈々出現！」「風雲の大陸へ！　半島を縦走する軍用列車の驀進！偉大な使命を帯びた鉄路の人々の熱誠は奔ばしる！」。原作は李圭煥、演出は徐光霽。東宝映画と聖峰映画園の提携第一作である。

「第五冊の謎」の答えを求めて本文を読んでいるうちに、「手帖欄」の北川冬彦の文章中に次のような箇所を見つけた。

こんどから「シナリオ研究」は第一芸文社の手を離れた。偶たま、今迄、編輯その他事務的方面を担当して呉れた杉本峻一の西下があり、その後を受けて本冊は奮闘した。幸ひ、俊敏北里俊夫の並々ならぬ協力を得て、発行予定日にまみえ得られさうである。今後、当分この担当は継続することであらう。諸氏の御協力、御援助をお願ひしたいのである。

（「シナリオ研究」第五冊）

さらに編集後記には、「この第5冊から『シナリオ研究』は、円満に第一芸文社の手を離れ、シナリオ研究十人会より刊行される事となつた。創刊以来満一年、該社の厚志を謝する次第である」と書かれていた。

また当時の出版事情について、紙価と印刷費が暴騰したことにふれ、この冊子も定価を一円三〇銭にするとしている。このような状況下での中塚の逡巡と申し出は、おそらく同人たちにとっても諒解せざるを得ないものだったのだろう。

謎が解けたところで第五冊の内容にもふれておきたい。圧巻は一三五頁に及ぶシナリオ特集である。伊藤大輔『興亡新選組』、ジャック・ドヴァル作品・沢村勉採輯『禁男の家』、シナリオ運動の旗手である北川自身のシナリオ第一作、『阿Q正伝』。

三本のシナリオに続いて、それぞれの作者が自作について解説している。『阿Q正伝』はいうまでもなく魯迅の作品である。日頃からオリジナル・シナリオの創作を力説してきた北川の第一作が、原作のある脚本であることについては「『阿Q正伝』のシナリオ」という文章で次のように述べている。

この一年間、私は、私としてのシナリオの方法論を模索し続けた。すこしづゝ考へに目鼻がつき出し、いよいよ実践にかゝらうとしたとき、不図手にとつたのは、魯迅の小説「阿Q正伝」である。この小説は、昭和六年に日本ではじめて林守仁氏の飜訳（四六書院版）の出たとき感激して読んだものである。その後どうかした拍子にときどき読んだが、その度びに何とも面白く噴き出さずにはゐられなかつたものである。

さうだ、これを一つ実験に使はせて貰はうと思ひ立つたのである。（「シナリオ研究」第五冊）

文芸作品のシナリオ化にあたってはかねての持論通り、ある作家の一つの作品だけでなく、いくつかの作品を「打つて一丸とする」ことがベストだとして、他の短編(「孔乙己」「風波」「故郷」など)を援用したが、この方法はすでに中国の劇作家・田漢が、戯曲「阿Q正伝」で実践しているという。またシナリオ化の過程で得た創作的よろこびは、「どこまで、原作にもぐりこみ、そこから抜け出し得たか」にあり、北川はそこにシナリオとしてのオリジナリティを考えていたようだ。魯迅の仮借ない怒りから出てくる諷刺、ユーモアに笑いつつも、「私は、阿Qを、つつ離して冷酷にはどうしても描けなかつた」と述べている。

奥付を見ると、編集兼発行人は「田畔《たぐろ》忠彦」となっていた。これは北川の本名。発行所は「シナリオ研究十人会」で、印刷は加利屋印刷所。さらに見開き二頁を使って「シナリオ研究十人会の仕事(予告)」が掲載されていた。今後は雑誌発行だけでなく、通信によるシナリオ実修、座談会、物を訊く会(注・シナリオ作家や監督などを囲む会)、名画研究会、十人会優秀シナリオ推薦、新人シナリオ原稿募集などの活動を行うという内容である。最終頁には第六冊の九月上旬刊行が予告されていた。

一九三七年、第一芸文社は大津から京都へ移転し、住所は五月刊の「シナリオ研究」第一冊から「京都市北白川停留所前洛東アパート」となった。このアパートは「光華寮」という名称で現存していた。二〇一五年一月八日付の京都新聞「戦後70年　時を渡る舟」によると、戦前、京都大学が洛東アパートを中国人留学生用の寮としていた。戦後、所有権をめぐって国民党政府と共産党政府の二つの体制による民事裁判が起こり、二〇〇七年に最高裁の判決が出たもののいまだすっきりと決着していないらしい。

『影画雑記』以降は「左京区北白川西町七八　洛東アパートメント」と明記されている。先へ進む前に、実際に第一芸文社があった場所を確かめたくなり、二〇一六年の秋、京都へ出かけた。近くには北白川バス停があり、建物は今出川通り北側の小路から短い坂を上ったところにあった。通りからも家並み越しに見える。窓ガラスは破れて壁にツタがはい、鉄の外階段は赤錆びていた。建物の一階部分は工事現場のように囲われ、敷地は出入り禁止である。筋向いの小高い駐車場から、エントランス部分の屋根とふさがれた丸窓の一部がかろうじて見えた。

広い通りからほんのわずか入ったところだった。一九三一年に建てられ、モダニズム建築として建築史に残るこのアパートに中塚は事務所をおいた。いまは荒れ果てているが、幸運にも第一芸文社があった建物を見ながら中塚が歩いた坂道を歩き、はじめて出版社の存在を実感することができた。

## もう一人の協力者

北川冬彦との出会いから始まった映画書出版には、もう一人の協力者がいた。「花泉」の「映画書出版の頃」には、「杉本峻一さん」と題して、彼の人脈からどのような出版につながったのかが記されている。当時の仕事ぶりがうかがえるので、少し長いが引用する（傍線は筆者）。

杉本峻一さんは「シナリオ研究十人会」のひとりで、始め北川冬彦さんから紹介された。たしか東京で編集会議があった時である。ごく気さくな人で、話好きであった。この杉本さんがシナリオ研究を出版するようになってから間もなく東京を離れて京都へ引越してこられた。

杉本さんは下鴨の撮影所の近くに下宿していたようであるが私は杉本さんの下宿を訪ねたことは一度もなかった。というのは杉本さんは当時私が事務所として借りていた洛東アパートへ毎日のように訪ねてこられるので、私の方から杉本さんを訪ねる必要がなかったからである。

杉本さんが私のところへこられるのは毎日決まった時間で、午前十時頃である。

その頃杉本さんが何をされているのか私は知らなかったし、また聞こうともしなかった。映画の仕事をされていることはわかっていたが、それが何であるかも、それによって生活をどうしておられるかもわからなかった。生活はあまり楽でなかったようだが、毎日来られても一度も生活のことは話されなかった。楽天家というのか、杉本さんには暗いところはすこしもなかった。とにかく杉本さんの来訪が日課のようになっていたので偶々来られない日があると私は気掛りでありさびしかった。

杉本さんはよく私の仕事の加勢をしてくれた。私が朝の郵便物の整理をしていると、代ってハガキを書いたり、小包の宛名を書いたり、こういう仕事を気軽にやってくれるので私は助かった。そのあと暫らく話をし、ひる前になると二人でアパートを出て大学前のシンシン堂でコーヒーを呑んでまた話をし、京極辺へ出て映画を一緒に観ることもあった。この映画館で杉本さんから紹介された人のなかに清水光さんがおられた。この清水さんはたしか当時大学の先生をしておられたが映画館へ殆んど毎日行かれるので映画館を訪ねると大抵会うことが出来た。

洛東アパートを出たところに学而堂という古本屋があった。ここの主人も話好きで杉本さんと一緒によく立寄った。ここで知り合ったのが「独創論」で有名な市川亀久弥《きくや》さんである。あとで私はこの市川さんの独創の理論という本を出版したことがある。(…)

さて、その頃の出版物(映画)の企画は大抵杉本さんから提供してもらったものである。伊丹万作氏の「影画雑記」、これは北川さんにお世話になったものであるが、志賀直哉氏の序文をいただくことで杉本さんの労を煩わした。その他、久保田(著者注・辰雄)さんの「文化映画の方法論」、その久保田さんに取り持ってもらったのが袋一平氏訳「エイゼンシュタイン映画論」、もう一つ、これは当時ヒットしたもので、厚木たか氏訳ポール・ルータの「文化映画論」がある。この本も杉本さんの世話になったもので、この本は当時版を重ねたのでほっとひと息ついたもので私にとっても思い出のある本である。

このように杉本さんには当時随分お世話になったがこれに対して私は何一つむくいる事をしていない。一緒にお茶を呑み、食事をする位であった。

杉本さんとはその後私は会っていない。どこに、何をしておられるのか全然わからない。

(「花泉」同前)

なお中塚が映画館で杉本から紹介された清水光（一九〇三―六一）は、京都大学文学部美学科卒の英文学者で、かなり早くから映画評論を執筆していた。京大哲学科出身者を中心とした映画の理論誌「映画随筆」（一九二五年創刊）の同人であり、中井正一のグループにも加わっていた。また「シナリオ研究」の会友として創刊号から名を連ねている。周囲からは「光《こう》はん」（本名は光繁）と呼ばれていたそうだ（美術出版社『中井正一全集2』の付録より）。清水は戦後、京都工芸繊維大学の教授をつとめた。

「十人会」会員として精力的に寄稿していた杉本峻一は、「松坂町界隈」（第二冊）、「馬」（第四冊）という創作シナリオを執筆している。滋賀にかかわりのある「馬」のシナリオを読んでみた。

素材は山内一豊の妻の「内助の功」の話である。他の同人の批評は辛口だが、シナリオは生き生きとした短編小説のようだった。舞台は安土城下。北川冬彦が指摘していた「脇役の重視」を思い起こさせるしたたかな博労《ばくろう》、質屋の番頭、奉公人、近所の子どもたち、不甲斐ない一豊の弟。もちろん妻は、最後の決めの場面でお金を差し出す。一豊は念願かなって馬を手に入れ、主君のもとへはせ参じるというおなじみのストーリーである。

シナリオは小川で百姓が馬を洗っているシーンから始まる。「百姓、小馬を洗ひ了へて、ほつと吐息をついたところ。そこで、キヤメラ、ゆるやかにパンして、安土城を見せる」。百姓たちは、近く戦争があるらしいとうわさし合う。馬を洗っていた百姓に別の一人が話しかける。戦争になったらさぞかし馬が高く売れるだろうと。馬持ちの百姓は、冗談言うな、馬を売ったら仕事はできない、戦になれば田を荒らされたり税金を取られたりであがったりだ、「おいらは武士になりてえ」と嘆く。

威容をほこる山頂の安土城に鎮座する権力者が、戦場で命を救った忠臣の顔もおぼえていないという夢を見て、一豊が愕然とするシーンがおもしろい。配下の命を召し出す権力とは、このようにごう慢なものだといいたかったのだろうか。ラストは、百姓たちが「戦争だッ」と叫びながら田舎道を右往左往する様子を見せたあと、妻の差し出したへそくりで首尾よく馬を手に入れた一豊が、馬上豊かに道へ躍り出し、前方にそびえ立つ安土城へと駆け走る……という場面で終わる。シナリオが掲載されたのは一九三八年三月。すでに日中戦争が始まっていた。

「シナリオ研究」第五冊の北川の文章によれば、ちょうど中塚がこの季刊誌から手を引いた同じ頃、杉本は京都へ移ったらしい。中塚は、洛東アパートの事務所で杉本と語り合い、京大前に今もある喫茶店へ行き、京極界隈の映画館へ行く、まるで学生のような日々を書き留めている。その頃は映画の理論書を出している出版社は少なく、大学の映画研究会はまだ盛んだったので、第一芸文社は次第に注目されるようになった。その評価をささえる企画・プロデュースに、杉本が貢献していたのである。

ところで中塚は、杉本に対して何一つ報いることをしていないと記しているが、一九三八（昭和一三）年、彼の作品集『鼻たれ春秋』を出版している。「シナリオ研究」第四冊の巻末には、四六版、和装和紙函入で、序文は伊丹万作、跋文は澤村勉、掌篇シナリオとして「村」「野」「犬」、シネ・ポエムとして「煙」「晩秋の流」「花びら」を収録、という広告を出している。国会図書館の書誌では三六頁の小冊子で、シネ・ポエムの記載はなかった。

杉本が京都にいた頃には、すでに負傷兵の姿も見え、個人の意思にかかわらず社会全体が一つの方向にひきずり込まれる雰囲気が漂っていた。けれど杉本は、そのような状況でも楽天的で明るさを失わない人間だったらしい。

「シナリオ研究」第二冊の「同人語」欄に、杉本は「日柳燕石《くさなぎえんせき》のこと」と題する一文を寄稿している。日柳燕石は讃岐の勤王家。幕末の風雲児といえばすぐに坂本龍馬や高杉晋作の名があげられる。けれど杉本は、真の風雲児や大人物とは、坂本たちのような有名な歴史的人物の陰に隠れて、彼らを生かした燕石のような人物のことをいうのではないかと述べている。

中塚との交流ぶりや、そうそうたる書き手と第一芸文社をつなぎ、「縁の下の力持ち」的な役割を骨身を惜しまず果たしていた杉本の行動には、このような彼の思いが反映していたように思われる。戦争の激化によっていつしか中塚との出会いは遠のいたのだろう。杉本の消息を知る人は、かつての仲間内でもあまりいなかったようである。

戦後のことになるが、一九六九年六月、中塚は当時在住していた北九州市で映画評論家の飯田心美（一九〇〇―八四）に会った。かつての「十人会」のメンバーである杉本の消息を尋ねると、東京にはいない、多分郷里の高知へ帰っているのだろうとのことだった。

## 杉本峻一とは誰か

飯田の言葉を手がかりに高知県立図書館の蔵書を検索すると、「杉本峻一」に関する一六件の資料が存在した。ほとんど地元の同人誌や雑誌への寄稿である。単行本は『杉本峻一映画ノート』（四国文教社・一九四八）と、『日本の映画作家たち』（蛇紋岩出版部・一九七七）で、『鼻たれ春秋』はなかった。本書は国会図書館所蔵のみのようで、古書のリストにも見当たらない。

同じく検索でわかったのは、反戦詩人として知られる高知生まれの槇村浩《こう》（一九一二―三八）

を描いた映画、『人間の骨』の企画者として名を連ねていることだった。この段階ではまだ杉本の生年さえ不明だった。

少し手がかりが見えてくると、やはり資料を確認したくなり、高知市内の古書店から『日本の映画作家たち』を入手した。戦後の杉本について知るためできるだけ刊行年の新しいものをという基準で、内容は不明なまま発注したのだが、幸運なことにこの本には、彼の写真と自伝が収められていた。

「序文に代えて（私の映画史）」（目次では「序に代えて（私の昭和史）」）は、一九七五年二月、高知新聞に短期連載された。原稿用紙にして三〇枚余りの短い自伝（以下、「自伝」と表記）だが、非常に興味深いものだった。

杉本は一九一〇（明治四三）年生まれ。中塚より八歳年下である。高知から届いた本書によって、中塚が書き残した杉本の寸描はにわかに精彩を放つものとなった。「自伝」はいきなり杉本の「出生の秘密」から始まる。黙して過去を語らずできたが、自身の「カッドウヤ人生」を書くためには、これまでの人生放浪のすべてが根ざしているところのそのことを書かねばならない……と。執筆時の杉本は六五歳だった。以下、「自伝」をもとに戦前の歩みを要約してみる。

＊＊＊

生地は高知県。愛媛県とされることがあるのは、実父が伊予西条藩士の二男で、東大医学部卒後、高知に住んでいた叔父の跡継ぎとなり、そこで結婚したことによる。しかし父は叔父とそりが合わず郷里へ帰ってしまい、母は高知の兄の家で峻一を産んで再婚する。実父母と別れたのちは、親戚間を転々とし、菓子製造販売を営む養父母に育てられて、「市商」（現高知市立高知商業高校）を卒業した。

子どもの頃から活動写真に心を奪われ、市商時代には映画観覧禁止にもかかわらず、映画館通いに明け暮れ、原級留年の憂き目にあうほどの自称「文学少年シネマニア」となる。映画館発行の週刊紙に映画評を投稿し、将来は映画界で身を立てたいと思い続けていた彼は、一九二七（昭和二）年当時、すでに映画館の広告やチラシを一人で作成し、アルバイトの収入で学校の月謝を払っていた。

農民・労働者の不満が高まった「昭和初期」の社会状況を反映した「傾向映画」が流行すると、旧制高校の映研や社研のリーダーであった友人から思想的影響を受け、一九二九（昭和四）年、市商を卒業する頃には、プロレタリア思想や新興芸術などにのめり込んでいた。養父は家業を継がせることを断念し、映画の世界へ進むことは止めないが、「横道」にはそれるなと言った。「横道」とは、「アカになるなということ」だった。

その後神戸の東西映画社宣伝部に入る。詩誌「炎」の同人となり、「文芸戦線」の読書会に参加するようになると、尾行されたこともあった。

一九三一（昭和六）年、映画雑誌掲載の彼の評論に注目した「キネマニュース東京支社」の支社長からの誘いで上京。実母が東京にいるということも心の底にあったという。こうしていよいよ映画評論家として身を立てる機会が来た。この時、ペンネームの「山本久寿夫」を捨て、本名の「杉本峻一」を名乗ることにした。

映画はサイレントからトーキーへ変わろうとしていた。国内外の映画研究熱は大変なもので、大学の映研も花ざかりだった。東大生に負けじと勉強しながら、杉本は日本映画を一歩でも半歩でも前進させたいとの一心で、有能な新人を発見しその才能を開花させようと努めていた。彼自身も「成瀬巳喜男論」（「映画評論」昭和七年七月号）によって注目され、新進評論家としてデビューを果たした。

同誌一一月号には「足跡・山上伊太郎」、その後は稲垣浩、伊藤大輔、鈴木重吉《しげよし》、伊丹万作、山中貞雄等をとり上げて精力的に書いた。彼が取り上げた新人たちはいずれも頭角を現わし、やがて「巨匠」と言われる監督となっている。

キネマ旬報社のベストテン選考委員をつとめ、大学の映研からも講師に呼ばれた。法政大学の映研には毎月通ったが、当時の委員長はのちに文芸評論家となる小田切秀雄で、講師とはいえ彼らはほぼ同世代だった。

三三（昭和八）年、杉本が思想的影響を受け、「君だって僕だってレーニンになれる」と励ましてくれた同郷の友を訪ねると、彼は東大新人会に入りセツルメント活動に没頭していた。小林多喜二の虐殺死を語る彼の真摯な言葉に、「商業ジャーナリズムのなかで名を出し、左翼ぶって意気がっていた」自分の胸を刃で突き刺される思いだった。

その年、伊丹万作と同郷同窓で、彼が映画の世界へ入るきっかけを作った伊藤大輔に出会い激励された。当時はフリーの映画ジャーナリストとしてペン一本で食べていた杉本は、次第に映画プロデューサーを夢見るようになる。

京都での杉本は、伊藤の推薦で京都第一映画社（所長は永田雅一）に入り、企画部員兼伊藤大輔監督付助監督、また溝口健二監督にも付いた。企画作品としては『四十八人目』（伊藤大輔）、『赤西蠣太《かきた》』（他社・伊丹万作）、当時無名の依田義賢《よだよしかた》のシナリオを溝口健二に持ち込み、『浪華悲歌《なにわえれじい》』として映画化。溝口は依田を気に入り、彼の『祇園の姉妹』を演出している。

戦時色が濃くなると検閲が強化され、日本映画は戦争協力映画へと変身させられた。しかし杉本の「大プロデューサー」への情熱は失せず、長年あたためていた島崎藤村の『破戒』『春』『夜明け前』の映画化に奔走し、「月明会」（旧藤村会）を動かし、実現直前まで進みながら「月明会が左翼だとの理由」で企画は却下される。そこへやってきたのが召集令状だった。

「『杉本二等兵、日本ブルジョアジーのために、元気に行ってまいります』／とおどけてみせた。それが私の、てて無し子の、学歴のない、不良の、レーニンにもなり切れなかった男の、カツドウヤ野郎の第一部のラスト・シーンであったのである」

「自伝」は右の文章で終わっている。


***

杉本の自伝の中で唯一つまずいたのは、伊藤大輔と出会った翌年、つまり一九三四（昭和九）年、伊藤から京都へ来ないかと誘われ、「粉雪の舞う京都へと向かった」という部分である。北川冬彦は、第一芸文社が「シナリオ研究」の発行元をおりた同じ時期に「杉本の西下」（「シナリオ研究」第五冊）が重なったと書き、中塚も、同誌の出版開始後しばらくして京都へ引っ越してきたと書いているので、これから推測すれば三八（昭和一三）年となる。少し開きが大きいので何とも決めがたい。「自伝」には第一芸文社への言及はなく、巻末の略歴に『鼻たれ春秋』の発行元として出てくるだけである。

他のエッセイによれば、杉本は一九四二（昭和一七）年に入隊し、敗戦後、宮古島から高知へ復員した。養親の本家へ養子に行って結婚。生活のために酒屋の番頭や映画館の支配人をするかたわら、映画サークルなどの大衆文化運動に力を注ぐ。

戦争で得た病のために映画界「中央」への復帰はかなわなかったようだ。しかし、『日本の映画作家たち』を出版した一九七七年頃には元気を回復し、プロデューサーとして『人間の骨』の映画化に取り組み、またこの本の発行所である「蛇紋岩」同人として活動を続けている。映画や文学への情熱と反骨精神は草の根の文化運動に向けられ、衰えることはなかったようである。一九九七年没。

## 滋野辰彦『映画探求』

一九三七（昭和一二）年の第一芸文社にもどろう。

この年の後半、同社は二点の単行本を刊行した。「シナリオ研究十人会」のメンバーで、杉本とも親しかった滋野辰彦（一九〇八―一九六）の『映画探求』（六月）である。本書は滋野の最初の著作で古書店から入手できた。

「シナリオ研究」第一冊に掲載されている新刊案内には、美麗特製本函入りと紹介されていたが、残念ながら箱はなかった。表紙タイトルが見覚えのある独特の字体なので確かめると、やはり「シナリオ研究」の表紙を担当した野口久光だった。表紙は三ミリもの厚さの堅いボール紙を、原料の樹皮や繊維が浮き出た和紙でくるんである。中塚は後年、装幀が気に入ったとしてこの本をあげていた。

『映画探求』も興味深い文章が多く、『東京の女』（小津安二郎監督・一九三三）の映画評「をんな」を読んだあと映画を観た。弟を大学に通わせるためにタイピストとして働いていた姉には秘密があり、翻訳の手伝いと偽って夜の酒場勤めをしていた。姉の職場に警察がやってくるシーンによって、彼女が左翼活動に関わっていたことが推測できる。ある日事実を知った弟は、裏切られたとして命を断ち、姉は自分の犠牲が報われなかったと嘆き悲しむ。

滋野は、姉の秘密の一部として「左翼のレポ」を無理にはめ込んだ安っぽい扱いは、かえって左翼をバカにしている、姉が「本当の私」をわかってくれなかったと悲しんでいるが、「本当の私」とは何か、姉の本心は次のようなものだったのではないかと述べている。

生活が女を淫売婦におとす。「東京の女」はそのために客と自動車に身を並べた。われわれはこのことの中に、手早く弟を大学へ通はせ、運動の資金を稼ぐための犠牲を見るが、それと同時にこの女の貞操観念を、考へまいとしても考へざるを得ないであらう。こんなに恥多き世の中で、こんなに矛盾に満ちた世の中で、すべては商品として取扱はれ、たえず生活におびやかされる世の中で、女は肉体だけを大切にしまつておかねばならないのであらうか。肉体を金銭に換へることは汚れたことなのであらうか。弟はそれを恥ぢて自殺したが、こんなこと位で死んでたまるものか。（…）どうしてこれだけが汚らはしい罪悪であるのだらう。（…）それが姉の本当の心であつたのかもしれないのだ。（…）これは女への侮辱ではない。それをさせる生活への、そんな生活より許さない世の中への罵言だ。

（『映画探求』五〇―五一頁）

こういうことが映画には描かれていないが、「生活と人間」の関係は自分の書いたこともふくめてこんな甘いものではなく、もっと厳しく複雑なものだとも述べている。

「頭脳」という文章では、映画は観る側の主体性を必要とせず、さまざまな喜怒哀楽をあたえてくれるが、これは映画の大きな強みの一面であるとともに、最も大きな欠点ではないかと指摘している。

映画が見てゐる者を強制的に導いて行くのは結構なことながら、さうされることだけを欲して映画を見る者は、自分の頭脳を自分の力で使用する力を失つた疲れた心の持主に違ひあるまい。今日、映画館の隆盛を眺めてゐると、私は時々そのことが気になり、これはひよつとすれば、映画館とは気力を失つた人間が集合するところであり、これも疲労困憊した現代の現れではないかと思つたりするのである。（同前八二頁）

滋野のいう八〇年余り前の「疲労困憊した現代」と、求めるまでもなくあらゆるものが提供され、人は消費者であることを半ば強いられている現代には通底するものがある。

他にも社会を描くことについて、「貧乏人だけが生活であり社会であるのではない。（…）われわれの邦ではさうした謬見が無意識のうちにはびこつてゐるやうに思はれる。そもそも貧乏といふものも、富がなければ存在しないものであるから、貧乏をどつしりと尻にしいた富も、貧乏と離れては有り得ないわけだ」（「映画と生活」）という文章もあった。

杉本峻一は戦争によって活躍の場を狭めることになったが、滋野は戦後も映画評論界で活躍した。

### 伊丹万作『影画雑記』

一九三七年一二月二〇日付で刊行したのが『影画雑記』である。伊丹万作（一九〇〇―四六）のはじめての著作で、北川冬彦の仲介による出版だった。伊丹自身も跋文にそのことを書いている。

入手した古書は函入りで、本は黒にも濃紺にも見える表紙・背表紙に、白抜きの独特な字体で書名が書かれていた。映画監督になる前は挿絵画家として活躍していた伊丹の装幀は風格がある。志賀直哉の序文は簡潔で飾り気がなく、伊丹を「信頼するに足る真面目な人」と評している。

志賀とのかかわりは、杉本峻一が志賀の『赤西蠣太』の映画化を企画したことに始まる。杉本の『日本の映画作家たち』には、伊丹についての記述が随所にあるが、一九三四（昭和九）年頃、季刊「映画芸術研究」に執筆するため、杉本が伊丹に面会を申し込んだのが最初の出会いだった。そのとき、「どうしたはずみか、僕の口から志賀直哉の話がでて、〃どうです？　志賀さんの「赤西蠣太」を映画化しませんか、あれはあんた向きのものだ、あんたがやれば絶対いいものが出来るワ……〃」と、映画化をすすめたのである（同書「志賀直哉に子犬を貰った話」）。

伊丹は志賀の作品は「心辺雑記風」が多くて好きじゃないが、そんなにすすめるのなら読んでみようということで別れた。その年末、杉本は伊藤大輔に誘われて第一映画社に入った。伊藤と伊丹は愛媛の松山中学の同窓生であり友人である。

伊丹と会って一年後、第一映画社の企画部にいた杉本のところに彼がやってきて、赤西をやることになったから「君も手伝いに来いよ」と声をかけられ、シナリオが完成すると杉本を進行係として呼んだ。伊丹はこの地味な短編作品を片岡千恵蔵のプロダクションへ売り込み、日活提携作として千恵蔵の二役でメガホンをとった。

千恵プロは伊丹が脚本家としてデビューし（『天下太平記』稲垣浩・監督）、監督第一作の『仇討流転』を撮ったところである。杉本によると『赤西蠣太』は万事地味で、関係者はヒットを危ぶんでいたらしいが、上映館の京極日活には初日から観客が詰めかけたという。

それに先立つ特別試写会には、奈良に住んでいた志賀直哉一家が招待されている。伊丹の「志賀さんの印象」（『影画雑記』）と題する文章では、嵯峨野の千恵プロを案内したのち、朝日会館で試写を行い、上映後に志賀直哉の持参した家族の実写フィルムを上映した。

同じ文章で、伊丹は志賀を「虚言をつかない」人と評し、「言葉自体は簡単だが、是を実行し始めたら人間の一生を左右する大問題なのだ。／人生の究極の問題と言ふものは、口にすれば皆簡単なこと許りである。死ぬるか生きるか。会ふか別れるか。是等の簡単な言葉で示される内容によつて宗教や芸術の大部分が出来上つて居るので有る」と続けている。

映画化が決まって、原作料を奈良の志賀宅へ届ける使者をつとめたのは杉本だった。その折りに、志賀直哉が「ごくろうだね」と言って白い子犬をくれたのでしばらくペットとして飼っていたが、「僕の師匠である美学者の清水光がしつように欲しがるのでさしあげた」のだそうだ。

『影画雑記』は四〇編からなり、覚書、感想、雑に分類されている。なかでも志賀直哉が序文で取り上げ、「伊丹君の勇気に敬意を払った」と記している「映画界手近の問題」は、現代の労働状況にも通じる舌鋒鋭い怒りの論評である。刊行当時のままの本書で読むのは、やはり格別のものがあった。

松竹・日活・新興・大都の映画会社が、共同の利益のために結んだ四社協定について、「四社所属の従業員達から就職に関する多くの自由を合法的に剝奪することを目的とする一種の秘密協約」であると喝破している。四社は、当人が関与できないところで監督や俳優の登録名簿を共有しており、いったん登録されると自由退社はできず、退社したとしても五年間は他の三社に入社できない。伊丹は四社以外に職を求めることの困難な状況をあげ、一銭の蓄えもない薄給俳優はどうするのかと問い、「四社連盟は無辜《むこ》の従業員過半数の生命線を犯さんとする暴圧である」と批判する。

そして日本映画従業員は資本家側の団結により、奴隷や監獄部屋の人たちの境涯に似通ってきた、これはもはや思想的立場というような現代的な問題ではなく、アメリカ南北戦争当時の「人道問題の領分」であるとしている。

「昭和十二年九月十九日」と記された跋文の最後には、北川冬彦、杉本峻一、中塚悌治に対する謝辞が記されていた。

一方、中塚は伊丹について次のように書いている。

伊丹万作さんの家には、週に一、二回の割合で訪問していたが、私が行くと万作さんは私を書斎に通され、ご自分で書棚の前の台の上にある香炉に線香を立て、香りが部屋に充ちたころに静かに話をされる。香をたくのも、茶を入れるのも、私の目の前でご自分でされるのである。伊丹万作さんの書棚には、たしか創元社発行の『茶道全集』全二十三巻が並べられていた。それを見ながら私は、なるほどと感じるのであった。

ある日、伊丹万作さんは『影画雑記』出版の打ち合わせの後、ぽつりと言われた。「もう、芸術もこれでおしまいですな」と。

この言葉が何を意味するのか、この『影画雑記』が自分の最後の本だという意味なのか、執筆の自由がなくなるということであろうか。小さな声でぽつりと言われた伊丹さんのひとことが、今も心に残っている。

（『思い出の記』二五七―八頁）

ある時、伊丹の息子（のちの映画監督伊丹十三）が、自分の描いた絵を見せてくれたことがあった。それが「俯瞰描写」で描かれていて、伊丹は「映画人の子どもらしい」と笑っていたという中塚のメモ（後年の新聞社インタビュー用）も残されている。

一九三七年は、中塚にとって映画書出版への助走の一年だった。同時に、伊丹の言葉のごとく「芸術の終わり」へと向う日々の始まりでもあった。「中央公論」の矢内原忠雄の巻頭論文や大森義太郎による映画時評が削除の処分を受け、総合雑誌に対する軍情報部の介入が本格化していた。

京都では一一月八日、中井正一や新村猛《しんむらたけし》らの「世界文化」グループが検挙された。香の漂う静寂の中にふと放たれた伊丹の言葉は、同じく中塚の胸中を去来していたものだったのだろう。前掲の中塚のメモにも「日中戦争開始。洛東アパートから召集出る。人民戦線検挙者あり」の一行があった。「人民戦線」事件は三七年一二月に起こった左翼運動の大規模な弾圧事件である。三八年三月、石川達三の「生きている兵隊」を掲載した「中央公論」は発禁になり、四月には、国家総動員法が公布され、出版社に対する統制が厳しくなった。メモには、三八年か三九年に「スパイ容疑で下鴨署へゆく。毎日ケイジ二人がアパートにくる。心安くなる」とあり、第一芸文社も監視下におかれたようである。心安くなる、というところはいかにも中塚らしい。

「芸術もこれでおしまい」という伊丹の言葉から、彼が作品に込めていたはずの思いについて、同じく映画監督になった伊丹十三の言及はないだろうかと「伊丹十三記念館」(松山市)のホームページを開いてみた。そこに万作没後五〇回忌(一九九五年)にあたっての十三のスピーチが掲載されていた。父子でありそれぞれに個性的だった二人のすぐれた映画監督のメッセージとして、深く考えさせる力をもっている。その一部を引用・紹介する。

●『國士無双』（一九三二年）について。

「映画のラストでは、自由人であるところのニセモノの方が恋を成就して、恋人と言葉もなく心を通わせる。そしてふたりが座ったままでずーっと時間が過ぎていき、雪が降ってきて二人が雪だるまになってしまう。／これは、作者がそういう形で自由を謳歌してみたものの、その自由というものは今の社会ではおとぎ話に過ぎない、という風なことを、恋人たちが雪だるまになって座っているというかたちで表現しているようにも思えるのね」

●『赤西蠣太』（一九三六年）について。

「日本の表現者たちにとって時代劇というのは、表現の自由がおびやかされている時に、時の権力に逆らって自分のいいたいことをいうための伝統的なカムフラージュの方法だったわけで〈赤西蠣太〉もその一つだったと思うのね。／当時の日本は世界から孤立して急速に軍部独裁への道を歩み始め、個人の自由の前に大きな暗雲が立ちこめてきた、そういう時代でしょう。この映画は作家の置かれていたそのような大状況を反映していると思う。／暗愚な君主、それを操る邪悪な力、大きな権力の前に心ならずも沈黙と服従の道を選ばざるをえない大多数、そして、このような時代の趨勢と戦うために命を投げうつ少数の名もない人々、という〈赤西蠣太〉の設定は、そのまま時代批判になっていると思うし、そこに伊丹万作という作家のやむにやまれぬものを見る気がしますね」

●『不惜身命』（一九四二年）について（注　このシナリオは事前審査で却下され、映画化されなかった。一九四二年はシナリオ脱稿年）。

「彼が生きていた時代というのは生きることが非常に辛い時代だったわけです。（…）本当に自分に誠実な人が、そういう時代に生きていこうとすると、まず権力というものあるいは権力に盲従する日本人というものを批判しなきゃいけなくなる。（…）で、彼の作品を一貫して流れているのは『全体主義的な国家や社会が、個人の自由とか権利とか幸せとかってものを権力で踏みにじろうとする時、個人はいかにして、自分に誠実に生きることができるだろうか』というテーマだと思うんですよ」

（「　」内は記念館HPより　http://itami-kinenkan.jp/about/about05.html）

伊丹は『影画雑記』出版の翌年、脚本監督作『巨人傳』を最後に結核による長い療養生活に入った。伊丹がつぶやいた「芸術の終わり」はほどなく現実となる。脚本の事前検閲による却下があいつぎ、中塚自身も出版者として、自由な表現を押しつぶす力にさらされるようになった。

伊丹の著作は本書と『静臥雑記』（国際情報社出版部・一九四三）、『静臥後記』（大雅堂・一九四六・死後出版）、また『伊丹万作全集』全三巻（筑摩書房・一九六一初版）、大江健三郎編『伊丹万作エッセイ集』（筑摩書房・一九七一／ちくま学芸文庫・二〇一〇）がある。

最後の著書『静臥後記』の出版に尽力し、装幀を手がけた田村一二《いちじ》は障害児教育の先駆者として知られる。彼は戦時下に滋賀県大津市の石山に障害児施設「石山学園」を開設し、『手をつなぐ子等』（大雅堂・一九四四）を書いた。伊丹はこの著書に関心をもち脚本化したが、自ら監督することはかなわず、一九四八年、稲垣浩によって映画化された。

## 1938-39（昭和一三年〜一四年）

### ポール・ルータ『文化映画論』（厚木たか訳）

一九三八（昭和一三）年、第一芸文社の看板をかかげてから五年目の春は、季刊「シナリオ研究」第四冊（三月刊）と、同時期に杉本峻一の『鼻たれ春秋』、九月には翻訳書『文化映画論』を刊行している。原著はポール・ルータ（ローサ）、訳者は厚木たか（一九〇七―九八）。厚木の自伝『女性ドキュメンタリストの回想』（ドメス出版・一九九一）で、本書出版のいきさつがわかった（厚木の自伝については以下『回想』と表記）。

厚木は日本女子大学校英文学部を卒業後、教職についた。そのかたわら日本プロレタリア映画同盟（プロキノ）にかかわり、一九三二（昭和七）年、プロキノ東京支部員として財政部に所属する。プロキノは二九年、佐々元十《ささげんじゅ》を中心に岩崎昶と中島信たちが結成した運動体。本書に続いて刊行された『映画用語辞典』の著者、北川鉄夫もメンバーだった。

プロキノはマルクス主義芸術運動の一環として、映画を活用するための理論、実践の両用の活動を組織的に行うために結成された。野田醤油争議やメーデーの記録、暗殺された代議士山本宣治の葬儀を記録した映画も手がけている。

岩崎昶によると、多くは短編記録、ニュース、動画などで、技術的には高度なものではなかったらしい。しかも検閲で骨抜きにされていたので作品としてはあまり評価はできないが、各地の若い労働者や急進的なインテリ学生などに熱狂的に迎えられた。しかしこれらの動きは特高や内務省警保局の注意を引き、激しい弾圧を受けた結果、三四年に消滅した（『現代映画事典』美術出版社参照）。

厚木は、三二年の前半まではプロレタリア作家やシンパの俳優たちから資金カンパが寄せられ、当時官憲に追われて潜行中だった小林多喜二から、二〇円もの大金が送られてきたと記している。お金に添えられた多喜二の手紙には、「自分も映画は好きで、いつかはシナリオを書きたいと思ってる」と書かれていたそうだ。

ところでプロキノ消滅後、厚木は教員を辞めて菊池寛のもとを訪ねている。菊池との出会いのきっかけを確認しようと『回想』を読み返しながら、別の本を思い出した。児童文学者石井桃子（一九〇七―二〇〇八）の評伝、『ひみつの王国』（尾崎真理子・新潮社・二〇一四）である。第一芸文社刊の『シナリオ論』の著者である倉田文人が、石井の『ノンちゃん雲に乗る』を映画化していることから読んだのだが、その評伝にも菊池寛とのかかわりが出てきた。

両書によると、厚木たかと石井桃子は日本女子大学校英文学部を卒業している。石井は一九二八年に卒業し、厚木は結核療養で一年遅れて卒業している。二人がともにふれているのが菊池寛とのかかわりで、厚木が卒業した年には世界恐慌が起こり、失業者があふれた。高等教育を受けた女性たちの就職口は少なく、このような状況を憂えた菊池の発案で発足したのが「文筆婦人会」だった。厚木の回想にも石井の評伝にも、お互いの名前は出てこないので気がつかなかったが、まさしく彼女たちは同じ頃に同じところに所属していたことになる。

厚木は「文筆婦人会」では原稿の口述筆記を一度しただけで、母校の付属女学校の英語教師となる。その頃からすでに、映画の仕事をしようと決意していた。

一九三四（昭和九）年、頼りにしていたプロキノが消えて行き場を失った厚木は、再び菊池寛を訪ね、彼の紹介で写真化学研究所（ＰＣＬ。東宝映画撮影所の前身）のただ一人の女性文芸課員となり、シナリオを書くことになった。そこには『戦ふ兵隊』を撮った亀井文夫や三好十郎、田中千禾夫《ちかお》らがいた。

ＰＣＬでの仕事は、菊池寛原作『処女花園』や吉屋信子原作『母の曲』などを、女性観衆向けに「たっぷり泣かせる」「女同士のハンケチ三枚もの」に脚色することだった。女性だから女性に受ける作品が書けるわけではなく、ましてや最初にプロキノに出あっていた厚木にはよけいに難しい仕事だった。

「やたらと母もの映画におぼれていたくない」と愚痴をこぼすと、笑って聞いていた製作部長・渾大坊《こんだいぼう》五郎が数日後、彼女に渡したのがポール・ローサ『ドキュメンタリー映画』の原書だった。

すでに読み始めていた厚木に対して、渾大防は翻訳を依頼した。しかも彼は東宝映画京都撮影所に転任の予定で、「制作陣の理論的水準が低い」関西で、この本を勉強会で読ませたいとの思いから依頼したのだ。自分も読み終えたいと思っていたので、厚木は喜んで引き受けた。「大急ぎでやったので訳も粗雑で恥ずかしいのだが、間もなく渾大防さんの紹介により京都の第一芸文社から単行本として出版したいといってきた。これもいそぐと言われ、充分手をいれる時間もなく単行本として上梓した」。渾大坊と第一芸文社をつないだのは杉本峻一である。

一九三八年に、三年あとには「鬼畜米英」の国となるイギリスのドキュメンタリー映画理論書を翻訳して出版することに、日本の軍当局がいい顔をするはずもない。第一芸文社の苦労のあったところである。

イギリスのリアリズム映画の映画論であるポール・ローサの『ドキュメンタリー映画』が、今頃よく出たな、とその頃よく言われた。当時ドイツのナチの映画政策は実に華々しくて、そのなかでもウーファ社の「文化映画」（クルトーラ映画）がそのトップをきっていた。

私たちは、軍の情報局からは日本がいかに「おくれて」いるか、模倣と言われてもいいから早く、ウーファ社の「文化映画のような作品」を作ってくれと言われ、いらだっているのがよくわかった。

（『回想』一〇四頁）

厚木は、本書がすでに同様の方法による映画を志していた亀井文夫や芸術映画社（GES）の石本統吉たちを、大いに勇気づけたと回想している。

なお日本語タイトルを『文化映画論』とした理由については、「訳者序」のなかで、原題は「ドキュメンタリー・フィルム」であり、従来は「資料映画」とか「記録映画」と訳されてきたが、いずれも「原語の内容を全幅的に表現しにくい」として、「もつと広汎な・もつと大衆に親しみやすい言葉を使ひ、文化映画論と訳出した」と述べている。さらに今後のこの種の映画を示す用語として適当と考え、本文中では「ドキュメンタリー」をそのまま用いたと述べている。

序文の最後で、著者名が第一芸文社版では「ポール・ルータ」であることにふれ、「ローサ」「ローザ」とさまざまな呼び方があるためイギリス大使館を通じて調べた結果、「ルータ」になったと付記している。しかし戦後、みすず書房（一九六〇年）、未來社（七六、九年）から復刊されたときには、「ポール・ローサ」となり、書名も『ドキュメンタリィ映画』に変更されている。

『文化映画論』の出版から二カ月後の一一月末、戸塚署の特高三名が厚木の夫、芳賀武を連行した。夫の母がひとり残される状況をみた特高は、厚木の連行を見送ったという。本書の出版とこの事件をきっかけに、厚木はドキュメンタリストの製作集団、ＧＥＳに移ろうと考え、翌年一月、同社企画部に入社した。

戦時体制下において、軍情報局がいかに映画を重視していたかについてはすでにふれたが、本書刊行の翌年（一九三九年）「映画法」が制定され、企画段階での監視統制が可能になった。記録映画は「文化映画」とされ、映画館での上映を法制化している。当然ながら作品は国策にそう内容であり、「文化映画認定」の規定がもうけられた（前掲『現代映画事典』）。

こうして、戦時下での記録映画は表面的な隆盛をみた。しかし軍国主義に反対する一部の映画作家たちは、社会的人道主義的な視点を捨てず、厳しい制約をかいくぐって作品を作った。『上海』（三八年）や『信濃風土記より　小林一茶』（四一年）の亀井文夫は、武漢作戦に従軍して『戦ふ兵隊』（三九年）を撮ったが、兵隊たちのリアルな映像が「厭戦的」とされ公開禁止となった。亀井は四一年、治安維持法によって逮捕され監督免許を剝奪されている。

水木荘也の『或る保姆の記録』（四二年）は、東京品川の戸越保育所の生活記録映画で、シナリオを書いたのは厚木である。『回想』によると四〇年秋、シナリオがＧＥＳ発行の「文化映画研究」に掲載されるや映画統制委員会から呼び出しがかかった。

そのとき係官から、保育園児に向って行うべき戦時教育が書かれていない、保育園らしいシーンを入れるようにと言われる。例示されたのは保育園の前を兵隊が通り、保母がそれを窓から園児に見せ、「『兵隊さんはお国のために戦争に行くのよ』と言って『兵隊さんよありがとう』の歌を歌わせる」というものだった。しかし厚木はシナリオを変えなかった。

厚木も中塚も本書がよく売れたと書いているが、『文化映画論』はこのような時期に出版されたのである。本書は重版され、私が入手したのは三九年一二月発行。この版には、序文に続いて厚木の「普及版増刷について」が掲載されていた。

本書も遂に増刷、普及版を出すことになつた。

初版が世に出てから一年、その間、非劇映画の理論及び製作の分野に与へた本書の影響は、極めて大なるものがあつた。相当に、ひろく読まれたことは事実であらう。ただ深く読まれたかどうか、訳者としてはそこが甚だ心配なところである。云ふまでもないことだが、本書にもまた批判すべき点がないわけでは決してない。にも拘らず、本書が何故あのやうに世界中の人々から歓んで迎へられたかといふことの鍵は、ただ深い読み方によつてのみ握ることが出来るだらう。本書は、それだけの含蓄をもつ著書だといふことを、敢へてつけ加へて置きたいと思ふ。

増刷にあたつて、初版の誤植を訂正し、不適当と思はれる訳語を二三改めた。

（『文化映画論』三版）

厚木は、この本が深く読まれたかどうかを危惧しているが、私が入手した古書は全編にわたって多くの箇所に傍線が引かれていた。

『文化映画論』の原書は一九三六年にロンドンで刊行され、二年後には第一芸文社から翻訳が出ている。厚木によれば、当時の日本の映画関係者にはすでに知られていて、翻訳刊行が待たれていた。

## 北川鉄夫『映画用語辞典』

第一芸文社の本でもっともよく売れたのは、『文化映画論』の三カ月後に刊行された北川鉄夫（一九〇七―九二）の『映画用語辞典』である。これは図書館から借りたが、予想外だったのはそのサイズで、約一三センチ×九センチ程度。一四三頁で手のひらに乗る大きさだった。

北川は一九〇七年、京都市で生まれた。一九八一年（初版は一九七二年）に出版された著書『狭山事件の真実』（部落問題研究所出版部）に記載されている略歴によれば、一九三三年、東大美学美術史科を投獄のため中退。戦後新聞社論説委員、編集主幹、独立映画等を経て独映協事務局次長、映画評論家、東京都部落問題研究会副会長をつとめている。本文中には父が日本画家だったことや、子どもの頃から絵に親しみ、日本美術史を学んだという記述がある。

中塚の『思い出の記』やメモには、本書は売れ行き上々で五、六版を重ねたと書かれているが、国会図書館の書誌では三八年、三九年、四〇年しか記録がなかった。いずれにしても、『文化映画論』とともに、ホッとひと息つくヒットであった。定価は九〇銭、外地定価は一円。

従来、映画用語辞典と称するものがなかったわけではないらしいが、ほとんどは「機工的な技術用語」を中心とするもので、こうした部分だけでなく、映画の芸術的方面の用語を取り上げた辞典はわが国最初ではないかと北川は述べている。用語の使用例や起源などに相当苦心したことから、「寝転り乍《なが》らも読んで聊《いささ》か面白味を覚へる」「読物でもある辞典」を目指したという。たとえば「テケツ」は、「切符売場の通称。切符売子は多く女子なのでテケツ・ガールと呼ばれてゐる」と説明されている。

巻末の付録には、「世界映画略史」「日本映画略史」「各国映画界瞥見」「シナリオ作法」が収められている。「日本映画略史」では、記録映画・文化映画について次のように書かれていた。

又支那事変と共に例によつて戦争あてこみの際物映画が現れたがこれらは寧ろ見えすいた射僥（注・倖？）的な意図によつて却けられ、逆にニュース映画がその真実性によつて大きな関心を惹いて多年の懸案たるニュース映画館、文化映画館を輩出させた。又「上海」、「南京」の如きこれまでに見られぬ記録映画の優秀作品を出すに至つた。たゞ一本国際映画コンクールに第二位を占めた日活作品「五人の斥候兵」は戦争映画が従来の戦場スペクタクルから一歩人間描写の領域に踏みこみ生きた戦争映画を誕生せしめたといへやう（筆

者注・『上海』『南京』は亀井文夫監督、『五人の斥候兵』は田坂具隆《ともたか》監督)。(『映画用語辞典』一二二頁)

「各国映画界瞥見」の日本の項には、一九三六年末の調査による「全国常設館現勢」の総計表が記載されている。

常設館総数(北海道を含む)……………一、六二七
日本物常設館…………一、一三〇
洋物常設館…………六四
和洋混合常設館…………四三三
トーキー設備常設館……一、三六八

北川はこの数字により、もはやほとんどの館がトーキー設備を備えていたと指摘し、観覧者数は約二億五〇〇〇万人(内子どもは約五七八〇万人)としている。

「満洲」については満洲映画協会が創立されたところで、まだ端緒についたに過ぎないと書くにとどめ、「朝鮮」については、ほとんどが小資本家を背景とした小プロダクションの浮沈の歴史であって、最近ようやく朝鮮映画株式会社が誕生したこと、作品として『旅路』『軍用列車』『漢江』をあげている。

中塚の『思い出の記』によれば辞典の売れ行きはよく、「女優の玉子のような人」が第一芸文社のあったアパートへも買いに来た。当時のアパートは「百万遍アパート」のようである。そうであれば中塚が書いている次のエピソードは、一九四〇年前後のことかもしれない。

ある日京都伏見の師団司令部から、『映画用語辞典』三〇冊の電話注文が入った。「軍人と映画の本ということが結び付かないので私は不思議に思ったが、あとで著者の北川鉄夫さんに聴いて分かった。そのころ、師団司令部では若手の将校を集めて映画の研究会をしていたらしい。北川さんはその研究会へ講師として招かれていたという」（『思い出の記』）。

伏見の師団司令部とは、伏見区深草にあった陸軍第一六師団である。注文の三〇冊を持って司令部へ行った中塚は、そこで思いがけず昔の知人に出会う。年下だったが陸軍大尉になっていた彼は、そっけない態度で最後まで名乗らずじまいだった。しかし、本を注文した責任者は彼だった。

厚木たかの回想記にあった、模倣でも良いからナチの文化映画にならえという軍情報部の圧力に符合する動きで、軍部が最新の情報戦略技術としていかに映画の力に注目していたかがわかる。コンパクトでわかりやすい解説によって、映画に関する知識を得られる『映画用語辞典』

は、著者や版元の予想を超えて、軍人をも読者としたのだった。

## 今村太平との出会い

一九三九（昭和一四）年四月、「映画法」が公布された（施行は一〇月）。映画が観客に与える影響力を知った政府は検閲を強化し、大衆教化を進めることになる。

この年、中塚は『映画用語辞典』二版（一〇月）と『文化映画論』の普及版（一二月）を刊行したが、特筆すべきなのは今村太平《たいへい》（一九一一―八六）との出会いであろう。中塚はこの新進気鋭の評論家を強力にバックアップし、その後の活躍をささえた功労者だった。

今村の第一著作集は『映画芸術の形式』（大塩書林・一九三八）だが、第二著作集以降、第一芸文社から刊行された論集は六点、中塚とともに編集にかかわった『映画文化叢書』は三点を数える。彼を中塚に紹介したのは北川冬彦である。

今村については、詩人・映画評論家で、「キネマ旬報」の投稿仲間だった杉山平一（一九一四―二〇一二）によって書かれた評伝『今村太平　孤高独創の映像評論家』（リブロポート・一九九〇）がある（以下『今村太平』と表記）。私はこの本を中塚修さんよりいただいた。そのときの修さんのお話は、中塚道祐の人柄がしのばれるもので、本は必ず二冊購入してその本を読みたいという人に惜しげもなく進呈していたそうである。中塚の蔵書のなかに第一芸文社の本がほとんど残っていなかったのも、それが原因のようである。

杉山も第一芸文社より『映画評論集』と詩集『夜学生』を出版しているが、前述の評伝には中塚についての記述がある。

この京都の出版社主中塚道祐こそが、『映画芸術の性格』以後『映画と文化』『記録映画論』『漫画映画論』『戦争と映画』のほか、今村の手になる『映画と演劇』『映画文化論』などのことごとくを押し出して上梓、ほかにも前記伊丹万作以外に北川冬彦の詩論、ポール・ローザの翻訳、滋野辰彦の映画論、杉山平一の詩集『夜学生』『映画評論集』、天野忠の詩集等、損得を離れた良心的な本を一人、京都の北白川のアパートで出版しつづけた人である。彼は琵琶湖畔真野村の地主だった人で、その篤実な性格を、今村は最後まで徳としていた。

そのもとは、処女出版の『映画芸術の形式』を「映画集団」の同人となった京都大学の映研の川村勝重が立命館、同志社、仏教大学などの映研に呼びかけて売りさばき、その拠

点にしたことで京都の第一芸文社とのつながりができたらしい。(『今村太平』七〇―七一頁)

右の引用部分は、中塚の出版人としての歩みを、彼に直接かかわった人の視線で語ったものだ。中塚の「篤実な性格」は、彼が書いた文章を通して想像していたとおりだった。

評伝の年譜によれば、今村太平は一九一一(明治四四)年、埼玉県南埼玉郡久喜町に生まれ、父は医師であった。のちに別府に住み、大分中学に入学。同級に日名子元雄《ひなごもとお》がいた(日名子については次章で取り上げる)。父の急逝により中学三年で中退し、母、弟と上京。自立自活で独学しながら、労働組合を組織するなどの活動。三二(昭和七)年、二二歳の時には「大森ギャング事件」のシンパとして検挙され、保護観察を受ける身となる。これを機にニュース映画館に通い、文化映画や漫画映画を観て過ごし、ここで映画評論の素地が作られたようである。

翌年には通俗医学雑誌「健康時代」の記者となる。そして三五(昭和一〇)年、二五歳で「キネマ旬報」寄書欄に映画論を投稿して頭角を現わす。このとき今村に注目し、原稿を採用したのが「シナリオ研究十人会」のメンバーでもある飯田心美で、今村を世に出す最初のきっかけを作った人である。

その後同人誌「映画集団」を発行し、ここで杉山平一と出会った。北川冬彦の『純粋映画記』

にも、「映画批評界の新人」として滋野、杉山たちとともに今村の名があげられている。

映画を社会科学的に、美学的に研究し、体系を立てようと、異常な努力をしてゐる人に今村太平がある。この人ほど芸術ジャンルとしての映画の優位性を強調する人は少いだらう。(…)映画批評家としてはめづらしく長論文をものしてゐる。最初は、社会科学的な眼で映画を俯瞰的に見てゐたが、次第に美学的に見始めてゐる。映画批評界の新人として堂々たる存在である。「映画集団」「映画創造」の同人である。(『純粋映画記』五六頁)

一九三八(昭和一三)年、今村は第一著作集『映画芸術の形式』を出版。同じ頃、時局を意識して同人誌「映画集団」の名称を「映画界」に改めている。それは「集団」という言葉にイデオロギー性の烙印を押す、当時の社会的な空気を察知してのことだった。ここまでが中塚との出会い以前の今村の歩みである。

第一著作集『映画芸術の形式』は未見だが、第一芸文社刊の第二著作集『映画芸術の性格』を入手した。ハードカバー、箱入、二八八頁の重厚な本。装幀は以後の今村の著書(第一芸文社刊）がほとんどそうであるように飾り気がない。

杉山平一が跋文を寄稿している。「映画だけは、我が国も全世界とほとんど一しよにスタートを切つた。わが国のほかの西洋文化のやうに幾廻りもおくれて走り出してはゐない。そして、それを追ひかける映画理論家も全世界同時にスタートしてゐる」とし、国内だけでなく全世界でいま一番先頭を切っているのは今村だと述べている。

伝統というハンディキャップのない映画理論の世界で、日進月歩の進化を遂げる映画を論じ、戦前日本の映画評論どころか世界を牽引する位置にあると言わしめたのは、今村太平の独創性だった。杉山はさらに「造型的な画面をえぐる今村の眼のあざやかさ」「音楽的なものをきゝわける耳のするどさ」が、「目のさめるやうな感覚的な筆によつて表現されてゐる」と続けている。詩人でもある杉山平一は、早くから彼の才能を見抜いていた。たしかに今村の視点の鮮やかさにおどろくと同時に、独特の魅力をそなえた文章に引き込まれる。文学的感性と、自在に広がる理路をつなぐ強靭な思考力に圧倒された。

本書には、一九三八年から三九年に書かれた二一編の評論が収められている。その中には京都帝国大学や東北帝国大学などの映画研究会機関誌への寄稿が含まれ、今村の映画論が学生たちをひきつけ、広く読まれていたことがわかる。文字文化と映画文化、演技と台詞、映画の時間表現、叙事詩と映画、記録映画の暗示、音のリアリズム、シナリオと文学等々。これらのテーマは、その後第一芸文社から刊行される今村の著書へとつながっていく。
本書の冒頭部を掲げておこう。

近代小説文学の形態は、最もつきつめた孤独性の芸術形式の完成であつたが——そこでは作者と読者が一人づゝになって対決する——それに対向する映画芸術は、小説にまで至るこれらの孤独性の芸術の解体を目的としてゐるのである。こゝでは数十百人の芸術家の協同と、同時に数十百万人の観客の集中を普通のことゝしている。（『映画芸術の性格』一頁）

このあとに例示されるのが、ディズニーの漫画映画である。機械工業的体系につらぬかれる漫画映画において、「そこには静止画の様式における孤独性の喪失を見出すことができる」「工場におけるエンヂニアのやうな芸術家たちの共同労働を見出す。映画はかうして、静止画の様式を分解して行く」と。二〇〇五年刊行の「スタジオジブリ」版に至るまで、「名著」として長く読み継がれている『漫画映画論』は、二年後に第一芸文社から刊行された。

第四章

# 戦争と出版Ⅰ　1940-41

# 1940（昭和一五年）

## 百万遍アパートと今村太平

第一芸文社の住所は、四〇年一月刊の今村太平『映画と文化』では「京都市左京区吉田上大路町三二」だが、四月に刊行した倉田文人『シナリオ論』以降は、「左京区田中門前町四六ノ四　百万遍アパート内」となっている。

中塚はそれまでの出版で、注文や問い合わせがあった人の名前や住所を丹念に控え、事務所移転前後にはすでに一五〇〇人近い読者名簿をもっていた。新刊を出すたびにこれをもとに宣伝すると、五パーセント程度の直接注文がある。郵便料金もかかり五パーセントでは少ないようだが、旧刊の宣伝を兼ねているため時間をかけて効果が出ることもあり、決して損にはならなかった。

しかし戦争の激化によって、それまで熱心な読者であった学生や若者たちが戦地へ送られると、せっかくの読者名簿は意味をもたなくなってきた。発送する新刊案内はむなしく留守宅に届けられ、さらには返送されてくる郵便が次第に多くなってきたのだ。中塚はその頃のことを、「返送してくる郵便を見ながらこの千五百人の読者名簿の中のどれほどの人が残っているであろう、と思った。これは私の想像であるが、千五百人の中の五分の一も残っていないのでないかと思った」と回想している（「花泉」一九六九・一〇）。

一九四〇年の新刊は、今村太平の『映画と文化』『記録映画論』をはじめ、倉田文人『シナリオ論』、久保田辰雄『文化映画の方法論』、重森三玲『挿花の研究』、訳書『エイゼンシュタイン映画論』、上野耕三『映画の認識』である。また『映画と文化』は二版、北川鉄夫『映画用語辞典』は三版を重ねている。

洛東アパートを出てからの一点目、今村太平の『映画と文化』は、復刻版の叢書『今村太平映像評論』（ゆまに書房）で読むことができた。叢書は「今村太平の会」の監修で、一九九一年に全一〇巻が刊行されている。杉山平一による今村のプロフィール紹介と、杉山や山田和夫らの解説が収められ、第一芸文社から出した六点の著書はすべて復刻されている。このうち三点は原著を入手し、一点は図書館から借りて初版本を読んだ。

『映画と文化』の巻末には、第一芸文社の刊行案内として、『文化映画論』や『純粋映画記』、『影画雑記』などと並んで、大塩書林刊の『映画芸術の形式』もあった。これらの注文先は第一芸文社となっているので、残部の販売も中塚が引き受けたと思われる。

杉山は叢書の巻頭で、一九三五（昭和一〇）年、「キネマ旬報」に投稿を始めた頃の今村像を、「投稿仲間として私はそのとき知り合ったのだが、保険局の同僚で、のち児童文学者協会の理事長を勤めた関英雄が『浅黒い鷹のように尖鋭な容貌と目付きをしてかっ歩していた』と述べている通り、服装は貧しいが、眼が光って昂然と頭をもたげた若者だった」と描写している。

また杉山による評伝（『今村太平』）では、「映画を、『恐慌と崩壊にあえぐ資本主義』という社会科学的視点を横の軸に、一方鑑賞し受容する瑞々しい感性を縦軸にして、大戦争に突入していく数年の間に今村は前人未踏の、映画の意味づけ理論づけを展開していった」（三三頁）と述べ、さらに「左翼ばりながら、これら資本主義映画を否定するのではなく、それを位置づけてゆくみずみずしい筆致」（四〇頁）が、左翼にあらずばインテリにあらずという風潮の中で多くの学生をひきつけたと評している。

『映画と文化』の「文化映画の役目」という文章で、今村は「記録映画」について次のように書いている。

「世に文化映画と呼んでゐるものはみな記録映画と見てゐゝ。記録映画の本体は、実は科学映画なのである。記録といふことは観察にともなうものだが、記録や観察はあきらかに科学者の仕事の、もつとも基本的な部分をなす」

後半では、記録映画は劇映画にくらべてはるかに学問的であるが、すぐれた記録映画は科学を「詩の方へもつて行きつゝある」として、リヒャルト・アングストが撮った『働く手』は、扇子や団扇という日本の手工芸の「美しい分析」であり、「生産過程の抒情的な記録である」と述べている。リヒャルト・アングストは、伊丹万作を悩ませた日独合作映画『新しき土』（一九三七年・アーノルド・ファンクとの共同監督）や、日本映画初の輸出映画と銘打った野村浩将監督『国民の誓』（一九三八年）の撮影を担当した。

ところで最終章の「映画と文学の鑑賞の相違に就て」を読んでいて、思いがけない発見をした。「池田伊丹」なる人物の書いた『映画芸術の性格』評をしんらつに批判し、この人物はそもそも本をきちんと読んでいないと断じているのだが、その根拠は、三〇〇頁の著書の中からたった三論文だけ抜き出して全体を切り捨てようとしていること、しかも「本はフランスとぢで大半は封頁であるから、全体を読むには頁を切つて貰はねばならない」のに、取り上げている三論文の六カ所はすべて「開き頁」である。この人は店頭で立ち読みできる部分だけ読んでいるようだと指摘している。

造本仕様を根拠にした反論とは意外だったが、実は入手した『映画芸術の性格』には封頁を切ったような箇所があるものの古書の傷みのようにも見え、フランス綴じなのか判断がつかなかったのだが、この論評によってはからずも疑問は解けた。

## 倉田文人『シナリオ論』

「シナリオ研究」（シナリオ研究十人会）で、たびたび倉田文人（一九〇五—八八）の名を目にしてきた。中塚道祐の蔵書に残っていた『シナリオ論』の表紙には幅三センチ余りのオレンジ色の縦帯に手書き風の独特の字体で「シナリオ論　倉田文人」という紺色の題字、裏表紙も同じくオレンジ色の縦帯の真ん中に、ローマ字で第一芸文社のロゴが横書きされていた。

本文中には刊行当時の戦時色を反映したエピソードが書き留められており、たとえば「エロキューション寓意」という文章では、自分が撮った映画で、「ふーん」というセリフが検閲でカットされたことを取り上げている。酒場で女給が、「何々ちゃんの兄さんが出征する」と話しかけると、酔客が「ふーん」と言う。そのセリフ回しが、「出征といふ厳粛な事件に対して赤心を欠く、不真面目だ」というのが理由だった。

本書の最後は「映画法所感」である。「映画法」は一九三九（昭和一四）年四月に公布されたが、倉田は、当時の「読売新聞」の記事を参照して所感を述べている。

法の骨子を「映画輸出入の統制、興行、検閲の取締り強化」、今まで放置されていた「映画製作上の指導取締、配給上映の合理化及び監督、俳優其他従業員の保護指導」などと紹介し、「われわれの創作慾、健康な芸術性」を束縛したり萎縮させるものではなく、映画の文化的、芸術的内容を向上させてくれるものであることが望ましいとしている。

さらに映画法に関連して設置される専門の調査機関に対しても言及し、近く映画業者を招致して意見聴取を行うとのことだが、それでは企業家が生産過剰や企業同士の反目などという視点から、国家統制によって現状打開をはかろうとする意見のみに傾いてしまう。映画は商品ではあるが、芸術品であることをふまえ、「われわれ監督、シナリオライター、俳優其他の技術者等、従業員側、更に批評家の意見をも、一応徴して貰ひたい」と述べている。

また当時の日本映画は生産過剰であり、「愚作連発を余儀なくする一面の理由」となっていたが、原因の一端は「二本立上映」にあるという指摘もあった。倉田は濫作改善のために一本立てを理想とし、当時改正されたばかりだったらしい「興行時間の制限」は中途半端で、結局従来通りの二本立てが行われていると批判、さらなる制限によって「劇映画一本に文化映画を添ゆる程度」が望ましいとしている。

彼がこのように理想を述べながらも危惧していたのは、一本にした場合、業者がこれまでの二本分の人件費、製作費をかけるだろうかということだった。人員淘汰とならず、失業問題や労働過重に陥らないような保護法なども必要と続けている。

「映画法所感」の最後では、戦時下の物資不足をあげ、外国映画の輸入本数を制限してでも生フィルムだけは入れてほしいと要望している。本格的な劇映画を海外へ発展させようというのであれば、国産フィルムでは到底立ち行かない。また「俳優の基礎的な教育制度、養成機関の設立」が急務であることなど、問題は複雑な連関を持っていることをふまえ、日本独自のよりよき「映画法」の実施を切望して文章は終わっている。

六月には杉本峻一の企画提案で、久保田辰雄の『文化映画の方法論』を出し、八月は重森三玲の『挿花の研究』、九月には二点目の翻訳書『エイゼンシュタイン映画論』(袋一平訳)を刊行した(一般的には「エイゼンシュティン」だが、本書では「シュタイン」と表記されている)。

セルゲイ・エイゼンシュテイン(一八九八—一九四八)は、映画史上屈指の名作といわれるソヴィエト映画『戦艦ポチョムキン』(一九二五年)をつくった著名な監督。いままで概観してきた第一芸文社刊の映画書では、同じくソヴィエトの映画監督であるプドフキン(一八九三—一九五三)とともに多くの言及があった。

どのような経緯で中塚はこの翻訳書を出版したのだろうか。疑問はのちに入手した『エイゼンシュタイン映画論』の袋一平(一八九七—一九七一)による序文と、久保田辰雄の跋文で氷解した。両人は古い友人同士だった。袋一平はロシア・ソヴィエト文化研究者、翻訳家でソヴィエトに滞在したこともある。

久保田の跋文によると、エイゼンシュタインのモンタージュ理論は、日本でもほとんどが翻訳紹介されて広く読まれている。しかし、エイゼンシュタインの理論にも誤謬はあり、「ロシアでは既にワシリエその他の秀れた映画理論家により或る部分は批判されてはゐるが、日本では未だそこ迄に至らないのみか、極く少数の人を除いては未だ完全にその理解すらが行はれてはゐないやうだ」とし、その原因は「即ち飜訳がかつて一度も厳密な態度を以て、なされなかつたことに由来するのである」としている。

彼はまた、「直接原文から訳した完全な飜訳」によって、エイゼンシュタインを正しく理解してもらいたいと日頃から思っていたところ、たまたま数年ぶりに会った袋一平が、モンタージュ論を一冊の本にまとめてみたいと希望していたので「大いに讃成し、第一芸文社にこれを斡旋すると共にこの訳に完璧を期すために」協力することになったと述べている。

国会図書館のデータには同書が三冊登録されているが、一冊だけが『エイゼンシュタイン映画論　決定版』と表記されている。手もとにある本には表紙に決定版と書かれているが、奥付にはなかった。改訂して「決定版」としたのではなく、すでに世の中に出回っているバラツキのある翻訳を、原書からきちんと訳出したものという意味でタイトルに添えられたようである。

久保田は、本書には多少とも日本文化と関係のある論文として、「日本文化とモンタージュ」「四次元の映画」「モンタージュ一九三九年」の三編を収録したと述べている。第一論文で袋は「日本文化の非常に多様な部門が、真に映画的環境とその中枢神経たるモンタージュとによつて一貫して貫ぬかれてゐる」とし、欧米の模倣ではなく「自分の文化の特性を、自分の映画に理解しかつ応用する――正にそれが日本の当然受持つ順番ではあるまいか！」と指摘している。
倉田文人の『シナリオ論』の項で、裏表紙のローマ字表記のロゴについて書いたが、五カ月後に刊行された本書の裏表紙にも、同一のロゴが色違いで印刷されていた。

### 今村太平『記録映画論』

同じく九月には、今村太平の『記録映画論』が出ている。そこに次の一節を見出した。映画の客観性についてふれた部分である。

> ニュースはたゞの資料ではない。それは記録者の事態認識の高低を充分に表現する。撮られた事件が同一でも、記録者によつて幾多の差別が生じてくるのは、事件の記録において記録する人の個性が表現（記録）されてゐるからである。このやうに、人間の認識を表現するものとしてのニュースは、単なる受動的な資料であることをやめる。それはすでに記録者によつて知られただけの事実の記録であり、記録者の認め得たかぎりにおける内容の表現である。
>
> （『記録映画論』八七頁）

本書の真ん中あたりに「記録映画批評」という章がある。作品一〇本が取り上げられ、その中に一九三六年のベルリンオリンピックの記録映画『民族の祭典』が入っていた。高い芸術性を評価されながら、ナチスドイツの映画として戦後の評価は厳しかったが、当時の今村は、映画が商業主義をはなれて国家化されることによってこそ、このような感動的な記録映画が誕生すると評している。

一たん社会的に有益であるならばいかなる経費の支出も惜しまないといふ地盤において、はじめて記録映画の芸術としての（同時にまた科学としての）成長が可能である。国家化といふことが極度に進んだドイツにおいてこのことが実現された。といふことは記録映画の発展と映画の国家化（としての社会化）との不可分離性を意味する。商業的な利益を無視して国家化され社会化された記録映画が充分の設備と時日を与へえられ、そのあらゆる条件を駆使することによつていかに今日の劇映画を凌駕しうるかは「民族の祭典」の特別な感動が証明するところである。

（同前一一七－一一八頁）

本書の最後は「映画と絵巻」。日本の絵巻の「不思議な観点」から説き起こし、「絵巻の吹抜屋形を見て不思議がる西欧の人々が、同じやうな屋根のない家屋を撮影所に建てゝいる。アメリカ映画の中の多数の家屋は、ほとんどこの種の吹抜屋形であるだらう。カメラはこれらの屋根のない家の中を、七百年前の絵巻絵師のやうに覗きこむのである」と続けている。だれもが見ているのに言葉にしなかったことを鮮やかに文章化し、絵巻に見られる俯瞰とアメリカ映画のセットを結びつける。そして、エイゼンシュテインが映画においてはじめて人間の思考過程を描写できると言ったのは、映画が「時間的であることによつて、いかに観念的であるか(あるひは観念写実的であるか)といふことを示してゐる」で終わっている。

一九四〇年九月二七日、日本はドイツ、イタリアと「日独伊三国同盟」に署名し、ファシズム国家同盟の一翼をになうことになった。

## 上野耕三『映画の認識』

一一月、北川鉄夫の『映画用語辞典』は三版を重ねた。翌月刊行の上野耕三『映画の認識』が、この年最後の出版だった。本書は上野の初めての著作集で、あとがきには出版のいきさつは書かれていないが、北川鉄夫や厚木たかはプロキノの同志である。

上野は一九〇八（明治四一）年、長崎県諫早市に生まれ、日本美術学校を中退。プロレタリア映画同盟（プロキノ）に所属したが、一九三四（昭和九）年、共産青年同盟員と疑われ、留置の後、豊多摩刑務所に入所（未決）、三六年に出所して一時帰郷。その後は映画評論を経て横浜シネマ商会に入社し、文化映画の制作に乗り出した。以上の経歴は、中塚修さんから拝借した上野の『回想録』（一九八〇年）を参照した。戦後、彼が設立した「記録映画社」の三〇周年を記念して同社より刊行され、関係者に贈られたものだ。

『映画の認識』の巻末には既刊書の目録と注文方法が載っている。同年九月の『記録映画論』では「代金引換」が可能であったのに、一二月の本書では廃止になっていた。些細なことのようだが、それまであたりまえだったことがこうして少しずつ日常から消えていく。

本書中に「浪曲映画について」（一九三九年）という文章があった。映画『熱血の道』は、浪曲師広沢虎造が皇軍慰問の時に体験した実話がもとになっているという。戦地の父親が家に残した子どもたちを喜ばせるために、戦友からキャラメルの空き箱をもらって集めていた。製菓会社へ箱を送ると、キャラメルをもらえるからだ。それを広沢が預かって帰る。けれど子どもたちの手に渡ると同時に、父親の戦死の報が届く。

上野は古い道徳、義理人情や感傷の誇張によって大衆受けする『熱血の道』と、よく似た題材を扱って芸術志向の人々に好評だった『チョコレートと兵隊』とを比較し、大衆向け娯楽作品と芸術作品を論じている。

先づ実感から出発し直さねばならぬ、と、私はこのごろつくづく思つてゐる。浪曲はほんの一例にすぎないが、あらゆる芸術作品の場合に、ほんとうに面白かつたものを面白いと云ひ、面白くなかつたら面白くない、と素直に云ふことから初《ママ》めるべきだといひたいのである。そんな判り切つたことが、今更云はれねばならぬほど、今の芸術観は歪んでゐるやうに思へるのである。

（『映画の認識』一三六頁）

上野は戦前の文化映画時代に、『村の学校』『和具の海女』を撮り、戦後は自ら「記録映画社」を創立し、やがて「動くカタログ」「動く教材」という実用映画を提唱。多くの作品を制作して一九八一年に没した。

# 1941（昭和一六年）

## 今村太平『漫画映画論』

一九四一（昭和一六）年三月、「国防保安法」が公布され、六月には用紙の割当が開始された。一〇月には亀井文夫が治安維持法により逮捕され、監督免許を剝奪される。開戦月の一二月、アメリカ映画の上映が禁止され、日本にあった八支社が閉鎖された。

この年、第一芸文社は年間最多の一〇点（新刊九点）を刊行している。今村太平の『漫画映画論』、『映画芸術の性格』（二版）、『満洲印象記』のほか、今村の企画による『映画文化叢書』を二点、杉山平一『映画評論集』、前田紅陽の『華道文化読本』と『士峰流立石一有作品集』、佐藤民宝『軍鶏』、市川亀久彌『独創的研究の方法論』である。

一九四〇年一二月、「洋紙配給統制規則」が公布され、同月「日本出版文化協会」が発足した。

それに先立つ一一月一〇日には「紀元二千六百年記念式典」が挙行され、翌年から「紀元」の年号が入るようになった（奥付の発行日などは従来通り）。古書店から取り寄せた『漫画映画論』の扉には、横書きで「２６０１」という数字が入っていた。奥付には「再版発行」とあり、発行日は四二年一月一三日。初版は四一年二月一〇日である。

今村の意向なのか、見返しにはディズニーの『音楽合戦』からとられた「A MAP OF NOTE (S)」と題された絵地図が掲載され、次頁の扉の中央にミッキーマウスの小さな顔が描かれている。『音楽合戦』にはジャズと交響管弦楽の二つの島国が出てくる。今村は本文中の「漫画映画の音楽」という文章で、両国の王子と王女が「相思の仲」となり……という物語は「ごくありふれたものにすぎないが、これらの人物がすべて楽器であるといふこと、すなはち楽器といふものを完全に戯曲的に扱つてゐるといふことがわれ〳〵をおどろかす」と述べている。

彼の代表作といわれる『漫画映画論』は、戦後も五社から復刊されて読み継がれている。真善美社（四八年）、音羽書房・増補改訂版（六五年）、ゆまに書房・復刻版（九一年）、岩波書店・文庫版（九二年）、スタジオジブリ（二〇〇五年）である。

ジブリ版の「復刊に際して」によると、四八年の真善美社版は初版の一部を改稿、六五年の音羽書房版は「補遺」を追加、九二年の岩波書店版は音羽書房版に杉山平一の解説を加えている。ジブリ版は岩波書店版を底本とし、巻末に高畑勲監督の解説「今村太平から得たもの」を収めている。

手元にある第一芸文社版には関野嘉雄による長文の「跋」はあるが、今村自身による「序」などはなかったので、杉山平一著の評伝（既出）に引用されている真善美社版「あとがき」と、ジブリ版に収録されている「一九六五年増補改訂版まえがき」（音羽書房版）を読んだ。

真善美社版によると、本書は一九四〇年秋、京都百万遍の宿でおよそ三日間くらいで書き上げたという。本文は「漫画映画以前」「漫画映画と音楽」「漫画映画と絵画」「漫画映画の内容」「漫画映画と日本芸術」の五章からなり、頁数から概算するとおよそ四〇〇字詰め原稿用紙二三〇枚程度になる。以前から論じていたテーマとはいえ、その筆力に圧倒される。「増補改訂版まえがき」には中塚についての記述が二カ所あった。

小著『漫画映画論』は、今から二四年前の昭和十六年二月、京都で刊行された。中塚道祐いとなむ第一芸文社というささやかな書肆から出たものだが、ここからは伊丹万作最初の著作『影画雑記』も上梓された。これが機縁で、伊丹氏の文章は識者の注目を呼び、戦後、時実象平の努力で、昭和三七年筑摩書房から全集三巻となって刊行され、いよいよその声価を高めることになった。（「一九六五年増補改訂版まえがき」スタジオジブリ版より）

また同じ筑摩書房の『現代思想大系』第十四巻「芸術の思想」に、伊丹の「名文」とともに『漫画映画論』の「漫画映画と日本芸術」が収録されたことについて、「消息を絶った中塚道祐も、これを見て、恐らくどこかで満足しているに違いない」と書かれていた。真善美社版は、戦前版を愛読していた花田清輝の推薦で再刊され、次いで真善美社版が鶴見俊輔の目にとまり、今村は「思想の科学研究会」に誘われて入会している。

『漫画映画論』はアメリカでも注目された。同書の「漫画映画と日本芸術」の全文を、詩人の鶴岡冬一《ふゆいち》が訳してカルフォルニア大学に送り、同大学の「季刊　映画・ラジオ・テレビジョン」の巻頭に掲載されたそうである（前掲「増補改訂版まえがき」）。

鶴見はゆまに書房の復刻版『漫画映画論』に解説を書いているが、思想の科学研究会編・都留重人監修『アメリカ思想史』の書評が米国の学術誌に出たとき、今村のアメリカ映画論がとくに高い評価を得たと述べている。

スタジオジブリ版の帯には「名著の復刻。」とあり、「1941年、長編アニメーションを見られなかった時代に映画作品としてアニメーションを積極的に評価し、いずれ映画の主流を担うと予感した映画評論家・今村太平。その独創に満ちた代表作」と紹介されていた。

高畑勲監督は「今村太平から得たもの」の冒頭部分で、「今村太平は、詩人で映画評論も書いた北川冬彦とともに、学生時代の書物による映画勉強の最初の先生である」と述べている。アニメーション映画の制作者としての厳しい批判も含めてではあるが、今村の独創性に賛辞を寄せ、宮崎駿監督の『千と千尋の神隠し』が、一般映画の映画祭であるベルリン映画祭でグランプリを受賞したことを、今村は「わがことのように喜んだに違いない」と述べている。

太平洋戦争開戦の直前に、中塚のあと押しを受けて京都・百万遍で執筆された『漫画映画論』は、高畑監督も書いているように、現代日本のアニメーション界や映画愛好家の「頭を刺激し心を動かし」続けているようだ

## 滋賀県技師・日名子元雄

映画文化叢書は今村太平の企画により、中塚との共同編集で刊行された。以前、北川冬彦と組んで「シナリオ研究」を発行したときは、同人たちとの編集会議に毎月上京していたが、中

塚はこの叢書については具体的なやりとりなどは書き残していない。

叢書は『映画文化論』(七月)、『映画と文学』(一〇月)、『映画と演劇』(四二年六月)までは確認できたが、中塚の後年のメモに出てくる第四冊『映画と音楽』は、国会図書館にもデータがなく、古書店ルートでも見つけることができなかった。メモにははっきりと書名が書かれているので、あるいは出版されたのか、間際で断念したのかもしれない。というのも、翌年には用紙の調達がいよいよ難しくなってきたからだ。

ところで、叢書第一冊と第二冊に寄稿している日名子元雄について紹介しておきたい。

第一冊『映画文化論』には六人が寄稿している。「映画文化論」(斎藤晌《しょう》)・「映画の倫理」(大熊信行)・「映画文化と文化映画」(桑野茂)・「文化映画論」(日名子元雄)・「映画における科学」(今村太平)・「映画構成論」(杉山平一)という内容で、叢書発行の趣旨に相当する文章はない。前掲の『漫画映画論』に掲載されていた新刊予告の宣伝文が、趣旨に相当するかも知れない。

「(…)本叢書は、映画文化の建設に最も欠けたるもの、すなはち映画のアカデミカルな研究をば、真摯なる映画学徒の協力によつて行ひ、もつていさゝかなりとも日本映画のために貢献せんとするものである。第一冊はあらゆる角度よりする映画文化の研究である」

第二冊『映画と文学』は、三ヵ月後の一〇月に刊行された。

「映画と文学との心理描写」（波多野完治）・「映画と文学」（今村太平）・「映画と文学」（岩淵正嘉）・「映画と文学」（荒木田家寿）・「映画の夢」（日名子元雄）・「ベラ・バラス『見える人間』」（関野嘉雄）という内容である。

第一冊、二冊とも、寄稿者の肩書がそれぞれの文章の末尾に示されていた。斎藤昫は「文部省映画改善委員」、大熊信行は名前の上に「経済学博士」、文末に「高岡高商教授」。桑野茂は「十字屋映画部員」、今村太平と杉山平一は「映画評論家」、そして日名子元雄の肩書は「滋賀県技師」となっていた。第二冊は肩書が書かれていないものもあるが（今村、日名子、関野）、波多野完治は「文理大講師」、岩淵正嘉《まさよし》は「映画評論家」、荒木田家寿は「シナリオ作家」である。

日名子元雄（一九一一―九四）は、杉山による評伝『今村太平』にも出てくる。しかし「滋賀県技師」とは意外だった。叢書第一冊と第二冊の間に出版された今村の『満洲印象記』は、次のように始まる。

乗　船

十月十二日

眼が覚めると、静かに雨が降つてゐた。いかにも琵琶湖畔らしい気がした。自分の風邪はまだ抜けなかつた。日名子の妻君が「顔色がわるいですね」といつた。そして「大丈夫ですか」と念を押した。さういはれると、われながら心細い気がした。朝飯のあとで、ためしにトランクを下げてみると、いやになるほど重たく感じた。そして立つているのが亱儀だつた。自動車が来るまで玄関に横になつてゐた。

（『満洲印象記』五一頁―五二頁）

杉山によると、日名子は別府時代以来の今村の親友で家も近所、大分中学へ一緒に汽車通学していた。当時の今村の家は、東京での町医者をやめて帰郷し、細菌試験所を開いた父を中心に、大変ハイカラな生活を営んでいたらしい。厳格で怖い父親は、子どもたちに英語を教えたり、別府では入手できない『トム・ソーヤの冒険』などを丸善から取り寄せて読ませるような家だったという。父はまた南画の雅号をもつ人物で、後年、今村のどん欲なまでの独学をささえた知性や感性の素地は、「生来の資質」から来ていると杉山は述べているが、このような家庭環境によるところも大きかったのではないだろうか。

日名子は大分中学時代には級長をつとめ、成績優秀な生徒だったようだ。一方今村は、当時から作文の才能を発揮していたが、不幸にも父と姉の急死に見舞われ、中学三年で退学。母と弟とともに上京する。その後の苦学・独学についてはすでに述べたとおりである。一方、日名子は中学校を卒業後、神戸高等工業（現神戸大学）へ進んで建築家となった。

「滋賀県技師・日名子元雄」については、滋賀県文化財保護課・井上優《まさる》さんの研究により、詳細を知ることができた。戦時体制下、金属類供出の圧力に屈せず滋賀県内の貴重な文化財を守った技師、それが日名子元雄だった。井上さんの「誰がために鐘は征く　梵鐘《ぼんしょう》を守った文化財技師」（「湖国と文化」・びわ湖芸術文化財団・二〇二〇・七）は、その史実を伝えるものである。井上さんの論考を参照し、文化財保護に貢献した一人の技師について記しておきたい。

日名子は一九三九（昭和一四）年、「建築技師」として採用され、文化財集中県である滋賀で、国宝建造物の修理工事を指導監督した。四一年八月の「金属類回収令」公布によって、県内でも翌年から「不要仏具献納運動」が推進され、梵鐘などが供出されるようになる。そのような状況下、県の「昭和十七年度第二期金属類特別回収実施要綱」の例外規定に注目して、地域の文化財を守ろうとした人たちがいた。規定ではとくに保存の必要があると県が認めたものは除外されることから、「除外申請」を出して保存を訴えたのだ。

井上さんによると、文化財保護課に伝わる「金属回収除外申請」簿冊では、三五件の案件中、三一件が除外認可となっていた。これらの認可の起案を行ったのが日名子元雄である。

「日名子は、規定の資料を添えて申請書が提出されてきた除外候補について、基本的に認可する方針をとった。保存認定の理由として(一)歴史資料としての価値、(二)美術上の保存価値、(三)寺院、地域にかかる由緒上の価値の三分類を立て、個別案件をそれぞれの理由に当てはめて、認可するよう起案している」(前出「湖国と文化」)。この処置に対する疑義や圧力をかける動きもあったが、それらは再調査によってもくつがえされることはなかった。

井上さんは、日名子が一九四三(昭和一八)年四月、臨時召集により西部第一七部隊に入隊し、敗戦にいたるまで一等兵のままだったことについて、「高等文官の地位にあった日名子が敗戦による復員まで、一等兵から先へ昇進しなかったといわれる軍歴は異常で、当時の重苦しい時代相をそこに感じずにはいられない」と述べている。

復員後の彼は滋賀、奈良の文化財行政を担い、法隆寺金堂の修復にもかかわった。その後は文化庁建造物課長をつとめて退官。一九九四年に亡くなった。日名子単独の編著書としては、一九七〇年、至文堂から刊行された『日本の美術　第54号　城』がある。古書店から入手したが中塚の蔵書にも残されていた。

国会図書館の書誌検索では、日名子は今村の創刊した「映画集団」や「映画文化」にも寄稿している。彼の専門と映画を結ぶものとしては、「古美術映画に関連して」「古建築映画化の方法に関して」などのタイトルもあった。一九五二年の「映画文化」では、桑原武夫・杉山平一・鶴見俊輔・野上素一・今村太平とともに「各国の映画を語る」と題する座談会にも参加している。

ところで、日名子元雄はどのような映画評論を書いたのだろうか。

第一冊に寄稿した「文化映画論」は、「文化映画」が映画法に取り上げられ、強制上映まで行われるようになり、全国の映画館に行き渡るのも間近いように見えるが、そもそも「文化映画」とは何なのか、作品に共通する「本質」というものが曖昧模糊としているのはおかしなことだと述べている。

ところが映画法に於て、「文化映画」の認定を国家が行ふことゝなつては、いやでも「文化映画」の規格を決めなければならなくなつた。然しこゝに於ても結局はつきりせず「教育上、知的方面を主とする」映画とかいふことで一応議論を収めたことゝなつてゐる。ところが「文化映画」賞作品を選び出す際になると、所謂「劇映画」がどうして「文化映画」でないのかといふ意見が再発したりする有様で、これらはやはり「文化映画」に対する考へ方が根柢まで達して居らず、中途にぶら下つてゐるといふことを暴露したものである。
（『映画文化論』一二八頁）

日名子は、文化映画などという呼称は好ましいものではなく、「文化帯」「文化釜」のような卑俗なものの代名詞になってしまうと手厳しい。「『文化映画』から『文化』の二字が取払はれるのは、映画が本当に文化と結びついた日である」というのが結論である。

一〇月発行の第二冊には、「映画の夢」と題して前作より長い文章を寄稿している。フランスの作家、ヴィリエ・ド・リラダンの『未来のイヴ』に登場するエディソンの、「何故人類の最初の人間の一人に生れなかつたのだらう。さうさへしてゐたら、荘厳無比な言葉が沢山に、今日でも――原《もと》のまゝといふやつにして――つまり一言一句も忽《ゆるが》せにせず、己の円管蓄音器の原盤に刻みつけられてゐた筈だのになあ」という嘆きに興味をひかれて書いたという。次は結びの文章である。

映画の国家管理も結構、製作、配給会社の統合、整理、生産制限も結構、国策映画の企書樹立も又甚だ結構である。だが決して映画といふものがそんな狭い領域内のものでないことを注意せよ。でなければ何時の間にか、夫子自身跳ねとばされる惧れがあらう。

映画が、新しい人類の言葉となつて、社会のあらゆる隅々に行き渡り、あらゆる文化の進展に寄与する時代、それは必ず来るであらう。十年、二十年後ではなくとも、百年、二百年後には必ず来るであらう。

「商品映画」の時代は遠い昔話になる筈である。

（『映画と文学』一三三―一三四頁）

**今村太平『満洲印象記』**

九月に刊行された本書は、一九三九年秋、「キネマ旬報」二〇周年を記念して満洲に派遣されたときの旅行記「満洲印象記」と、一九四一年春、慶州を訪ねたときの紀行文「慶州紀行」を収録している。

どちらも今村の観察眼と感性豊かな表現が際立っている。杉山平一は評伝『今村太平』で、この旅行記は「戦前・戦中の日本人の韓国、満洲への紀行文として、出色のものといわれており、とくにそののち一人で旅行した『慶州紀行』における、仏像、寺院の観察はあざやかである」と評している。

今村の後記には「この二つの旅行記を通じて、著者のふだんの古美術に対する愛着が多少出てゐはしないかと思ふ」とあり、機会を与えられれば古美術の印象記だけを綴りたいくらいだと記している。訪れたのが単なる外国ではなく、「植民地」を旅する体験であることについては直接的な言及はなく、かつて満洲に暮らした北川冬彦の詩に見られたような、「軍国」なるものへの厳しく苦い眼差しは感じられなかった。

「慶州紀行」には滋賀にかかわる記述がある。慶州の有名な仏教寺院に向う道すがら、散乱しているおびただしい新羅の古瓦と、慶州の燃料（炭）を供給した名残りの赤肌の山々を見て書いたものだ。これは日名子元雄から聞いたのだろうか。「地肌をあらはした」山とは、私の住むマチの東側に見える田上山《たなかみやま》のことである。

安土から大津の間を汽車が走る時、大津にむかつて左手、安土にむかつては右側に、地肌をあらはしたかなり高い山が見える。この種の山の眺めは、湿潤ですぐ草木の繁る日本には珍らしい。この赤肌の山も、奈良時代の伽藍造営による濫伐の結果だといはれてゐる。爾来、こゝばかりは、雨の降る毎に苗木が洗ひ流され、一木一草も生えぬといふことである。朝鮮の山々は、それをもつと全面的に押しひろげたものだ。いかに湿潤でないとはいへ、さういふところにも、長い政治的廃頽が物語られてゐる。

（『満洲印象記』二七頁）

### 佐藤民宝『軍鶏』

一一月、前田紅陽の『華道文化読本』と、杉山平一の映画論集『映画評論集』を刊行した。杉山は今村の評伝の著者として、すでに何度も名前が出てきたが、第一芸文社とのかかわりは今村が中塚に紹介したことから始まった。これは詩誌「蜘蛛」に連載された杉山の「私と詩」によってわかった。杉山と織田作之助が同人誌「海風」を出し、そこに織田の「夫婦善哉」や杉山の「夜学生」を載せたと書かれていて、後述する織田と中塚のかかわりもここから生まれたと思われる（関西詩人協会 kpapoem.web.fc2.com/essay/sugiyamaheiiti/watasitosi.htm）。

続いて一二月一四日発行の『軍鶏』は、八日の真珠湾攻撃・対米英宣戦布告という激動のさなかに出版された。著者の佐藤民宝（一九一二―七七）は福島県会津市の商家に生まれ、法政大学を卒業後、亀井勝一郎、本庄陸男《むつお》、また平野謙や埴谷雄高などとの交流により、主に短編小説を書いた。戦後は郷里へ帰り、「福島民報」の主筆・編集局長をつとめている。

一九三九年刊の『希望峰』（砂子屋書房・新農民文学叢書）が第九回芥川賞の候補作となり、同年、

『新農民文学論』を出している。「軍鶏」は第一四回芥川賞の候補作にもあげられ、さらに一九四二年度の第五回新潮社文芸賞の候補作にもなった。『軍鶏』が第一芸文社から刊行された経緯は不明だが、中塚は以前から農民文学にも関心をもっていた。本書には「軍鶏」をはじめ九編の短編が収められている。「小役人」「下界」「炭小屋」「時世」「野良着」「僻村」「雪菜」「寒夜」というタイトルからも、その作品世界はおよそイメージできる。

本書は入手できず、『土とふるさとの文学全集②』(一九七六・家の光協会)に収録されている「軍鶏」を読んだ。農家の家督相続をめぐる骨肉の争いを裁判形式で描いた作品だ。本書が第一芸文社から出版された当時の状況は、翌年刊の熊王徳平『いろは歌留多』巻末にある既刊・近刊案内に見ることができる。

新鋭作家刻苦の純文学! 本書は新鋭作家が透徹した芸術眼と深い愛情とをもつて、巷や村に蠢く庶民の魂を苛烈なまでに描き極めた芸術品である。農民や小役人や街の紳士の内部に食ひ入り、利己や怯惰や卑屈など、一切の醜悪な形相を曝き立てると共に、その善良な魂や涙ぐましき忍従心や、不幸や困難に耐へて雄々しく生き抜く精神を、溢るゝ乍りの同感をもつて描いてゐる。哀れな人間の生ける精神を刻み乍ら、而も人々に雄々しい勇気と明るい希望を与へずにはゐない。新人作家の力強い出現が待望されてゐるのとき、これはその揺ぎなき芸術的気迫をもつて、新進の声価を世に問ふ作品集である。

これは中塚が書いたのだろうか。少し誇張された宣伝文ではあるが、中塚が本書を出版した意図をうかがい知ることができる。

一九四一年の何月かは不明だが、市川亀久彌（一九一五—二〇〇〇）の『独創的研究の方法論』が出ている。杉本峻一がよく訪ねてきた頃、洛東アパートを出たところにあった学而堂という古書店で市川と知り合った。中塚は「この市川さんとは個人的にも長くつきあっていて、戦後私が新しい村づくりを始めたのもこの市川さんの影響である」と書いている（「花泉」一九六九・八）。

市川は岡山県に生まれ、京大工学部を一九三八年に卒業している。この前後に、中塚は市川と出会ったようだ。市川はのちに同志社大学教授をつとめた。

『独創的研究の方法論』は、国会図書館のデータでは刊行年が一九四一年のものと、戦争末期の出版社統廃合によって京都印書館創立事務所と第一芸文社の共同刊行となった一九四四年の二種類がある。頁数も同じ。初版が四一年ということかもしれない。

## 映画『村の学校』と未刊の手記

前年『映画の認識』を出した上野耕三は、四一年、志摩半島ではじめての映画作品『和具の海女』を撮り、海女が潜水して上がってくるまでの一分余り、動きのない水面だけを一カットで撮るという斬新な映像を生み出して注目された。次いで滋賀県近江八幡市立島小学校を取り上げ、『村の学校』を撮っている。

上野の『回想録』（既出）には、「ちょうどその頃（昭和十五年）、小学校から国民学校という風に名称も変わり、何かと軍国主義的になりつつあった」当時、島小学校では遊戯と教育、勤労と教育をむすびつけるユニークな教育実践を行っていたと書かれている。上野が滋賀県民である中塚から紹介されたのかと思ったが、そうではなく中塚は上野の紹介で島小学校を知ったという。

映画は文部省認定になるが選定にはならなかった。文部省は「時節柄、子供たちが神社の境内でも清掃してるところでも入れれば推選にする」と、暗に撮り足してでもという口ぶりだったらしいが、上野は取り合わなかった。

同じ頃、厚木たかの脚本で水木荘也監督の『或る保姆の記録』が制作された。厚木もやはり同様の指導が入ったことを記していたが、監督協会の文化映画部は、この二作品を上映して議論し、「日本映画」誌上でも論じられたそうだ。

上野は、『或る保姆――』の方が勝っていたが、「主張の強さでは『学校』の方に軍配が上がったように思う」と述べている。その「主張」について上野は書いていない。しかし上野から紹介されて島小学校を知った中塚は共感するところが大きかったらしく、戦後に出した私家版の随筆集や花道誌「花泉」にも学校のことを書いている。

しかも第一芸文社から、島小学校の女性教員の手記を出す準備を進めていたというのだ。

次は「花泉」の記事から。


島小学校というのは、滋賀県の琵琶湖畔にある小さな学校で、私が初めて知ったのは昭和十六年ごろ、勿論戦争中です。この学校はそのころ、「村の学校」という文化映画になり、そのため、有名になったことはいうまでもありません。私はこの映画の製作者上野耕三さんの紹介でこの学校を知るようになり、この学校の先生とも知り合うようになりました。

私は出版をやっていました関係で、その学校の一年生を受持っている女の先生の「女教師の手記」を本にする話がまとまり、しばしば学校へ行きました。（残念ながらこの本は遂に出版できませんでしたが）

この学校では、校長から小使さんに至るまで、一つの事については専門家でした。当時、小使さんは兎に関しては、その村における第一人者であったのです。その村だけでなく県下でも並ぶものがいないほどの研究をしているひとです。従って、小使さんではあるが兎に関しては校長といえども頭が上がらないのです。このように、どの先生も一つの専門を持っていて、その事に関しては権威者であり、そのために皆から尊敬されていました。従って、学校における教師間の反目などは全然ありません。皆が、お互いに尊敬し、尊敬されていました。

私はこの学校で、先生たちと何回か食事をご一緒したことがありますが、和気あいあいというか、明けっ放して、ひとの喜びを共によろこぶというようなところがあって、気持ちがよかったのです。

一年生を受持つ女の先生の原稿が本になるといえば、大ていの場合は競争意識が働いて、他の先生は快よく思わないのが普通であるが、この学校ではそれがありません。どの先生もわが事のようによろこび、教頭の先生などはいろいろと助言し、六百枚にもなる原稿の完成に協力してもらったのをおぼえています。（「花泉」一九六八・八）

「女教師の手記」を出版できなかった理由も、手記原稿のその後も不明だが、中塚は相当な熱意をもって準備を進めていたようだ。

戦前の島小学校は、郷土教育の先進校として知られ、神田次郎、矢嶋正信、栗下喜久治郎などのすぐれた教師がその実践にかかわった。最後に出てくる「教頭」というのは、栗下だと思われる。神田次郎と栗下との共著『生産学校と郷土教育』（厚生閣・一九三二）など多くの著書があり、国会図書館の書誌に残っている最後の著書は、一九四六年の『村のこども』（毎日新聞社）である。

## 幻の織田作之助『雪の夜』

中塚の「思い出す人」（「花泉」一九六七・六）には、意外な名前が登場する。『夫婦善哉』で知られる織田作之助（一九一三―四七）で、彼の小説集が第一芸文社から出版される予定だったと書かれていた。中塚に織田を紹介したのは杉山平一。杉山と織田は両人がともに認める親友同士だった。杉山の『夜学生』と、小野十三郎《とおざぶろう》（一九〇三―九六）の『風景詩抄』の合同出版記念会を提案したのも織田作之助だった。中塚は、小説集出版の話がまとまり、打ち合わせのためにたびたび大阪へ出かけている。

織田が杉山へ宛てた手紙にも第一芸文社が出てくる。一九四一（昭和一六）年七月二五日付の手紙には、自身の出版は「西鶴」以外は他と約束しているので出せないかもしれない、うまく交渉して中谷栄一の作品を出すよう、中塚に会って相談したいと記されている（『織田作之助全集8』講談社・一九七〇）。

手紙では、織田よりも中谷の本を出版しようとしていたらしい。しかし「小生のも一緒に出してもよいが」とあるので、すでに杉山と中塚の間では織田の作品の出版について話が出ていたのだろう。中谷は「海風」「大阪文学」の同人仲間で、織田とは中学校以来の友人、また杉山とは旧制松江高校の同級生だった。

同年五月二七日付の織田の手紙には、「雪の夜」という作品について、「よんで下さい。これは好きな小説です」と記されている。作品は「文芸」六月号に掲載された。

この年一一月、杉山平一は『映画評論集』を第一芸文社から刊行している。その打ち合わせの過程で、織田や中谷の作品出版の話が出たのかもしれない。中塚が織田と会ったのは大阪駅近くの喫茶店だったが、いつも織田が先に来ていたという。

当時織田さんの「夫婦善哉」は世評高かりしころで、この「夫婦善哉」に短篇を数作加えて出してはどうか、これは私の希望であったが織田さんのおかんがえでもあった。また、織田さんは題名を「雪の夜」にしてはどうだろうかといわれた。たしかそれはこの本の中の短篇の題名である。織田さんはその小説の初めの方を小さい声で読まれた。こんな内容のものだが、出せるだろうかという不安があった。私はその原稿をあずかってかえり、出版の手続きをした。

（「花泉」一九六七・六）

また中塚は織田の自宅を二回ほど訪問したことがあると書いている。

「明け放した二つの部屋の両側の壁によせて天井につかえるほど本が積み重ねてあった。私はこの部屋で西鶴の現代語訳の話をきき、その一部の原稿をみせてもらった。西鶴の現代語訳ではこれ以上のものはないといわれ、よほど自信がおありのようだった」（同）

ところが『雪の夜』と題される小説集は、審査に時間がかかったあげく、時局にふさわしくないとして不許可となった。織田が杉山に手紙を書いた七月には、万里閣という大阪の出版社から彼の『青春の逆説』が出版され、間もなく発禁処分を受けている。そういうことが影響した可能性もある。それでは小説集『雪の夜』はどうなったのだろう。

前掲の織田の全集巻末の年譜によると、第一小説集は『夫婦善哉』のタイトルで、一九四〇年八月、創元社より出版されている。収録されている作品は「夫婦善哉」「放浪」「俗臭」「雨」「探し人」の五編。織田はこの頃から作家として名を知られるようになり、また井原西鶴を読み始めていた。

国会図書館の書誌や前掲の年譜を調べていくと、第二小説集は『漂流』というタイトルで、一九四二（昭和一七）年一〇月、大阪の輝文館から刊行されている。収録されている作品は、「許婚」「漂流」「動物集」「天衣無縫」「美談」「秋深き」「家風」「立志伝」、そして「雪の夜」である。

# 第五章

# 戦争と出版II　1942-44

## 1942（昭和一七年）

一九四二年一月は、今村の『漫画映画論』の重版からスタートした。この年は新たに六点を刊行している。文化映画叢書の第三冊『映画と演劇』（六月）は手にしていないが、今村の『戦争と映画』（一一月）に掲載されている広告では、寄稿者は杉山平一・河原崎長十郎・遠藤慎吾・袋一平・尾崎宏次・荒木田家寿・岩淵正嘉である。

第一芸文社を知った当初は、次々と登場する著者と中塚のつながりがわからず、濃い霧の中に目をこらすような感じだった。しかしこうして創業から五年余りの出版業績を追っているうちに、人脈の糸が少しずつ浮かび上がってきた。

河原崎長十郎（一九〇二－八一）は劇団「前進座」の創設者の一人。中塚の晩年の歌集の贈呈先に劇団名があるのは、この頃からのかかわりがあったからだとわかった。また荒木田家寿は、兄の国語学者・金田一京助との共著で、四三年に第一芸文社から『アイヌ童話集』を出している。

四月から書籍は発行承認制となり、奥付に承認番号を印刷することが義務付けられた。第一芸文社では四月に刊行した鍵山博史編の農民小説集『建設』から対象となっている。九月には重森三玲『庭の美』と前田紅陽『花と生活』を刊行した。

### 熊王徳平『いろは歌留多』

同年の出版で注目したのは、熊王徳平（一九〇六―九一）の『いろは歌留多』と今村太平『戦争と映画』である。『いろは歌留多』は、熊王のはじめての作品集として二月に刊行された。同名の短編は改造社の「文芸」推薦候補作、第一一回芥川賞候補作となったが、その回は受賞該当作はなかった。

第一芸文社の書籍は、映画書関連の人脈から生まれたものが多い。けれど中塚自身はプロレタリア短歌など独学時代から文学への関心は強く、前年の佐藤民宝『軍鶏』に続く出版である。『いろは歌留多』は図書館から借りた。表紙絵は『軍鶏』と同じく下川苔地《たいち》。藍色の市松模様のマス内に、素朴なタッチでひまわりや鶏、馬などが描かれている。熊王の略歴は、後年の『無名作家の手記』（講談社・一九五七）巻末にくわしく記載されていたが、彼の面目躍如と言いたい内容である。

（…）大正十年四月、床屋の小僧となる。十四歳。（…）大正十五年四月、兵隊検査。この頃、やくざの群れに入る。（…）昭和六年九月、日本プロレタリア作家同盟山梨支部を作る。これより十年、小説を書き続ける。（…）昭和十五年五月、山内一史、石原文雄と「中部文学」を出す。「いろは歌留多」改造社の「文芸」推薦候補となり、宇野浩二の知遇を受く。昭和十七年二月、処女作集「いろは歌留多」を京都第一芸文社より刊行。昭和十八年三月五日、治安維持法容疑により、検挙され、執筆禁止を受ける。昭和十八年、床屋廃業。これより行商となり、全国津々浦々を歩く。（…）

（『無名作家の手記』）

熊王が師と仰ぐ宇野浩二（一八九一―一九六一）は、『いろは歌留多』に辛口の序文を寄せ（前掲の『無名作家の手記』にも序文を寄稿）、彼の饒舌や浮かれ過ぎ、独りよがりをくり返し戒めている。あとがきには、「生れて初めて書いた小説を、活字にしてくれたのも丸山義二氏であつたし、十年目に初めて出す作品集も、丸山義二氏の御骨折に預つた。因縁と言つては一寸失礼だが、外に御礼の言葉の申しようが無いので……」と書かれていた。「初めて書いた小説」を「萬朝報《よろず》」へ送ったところ、当時学芸部にいた丸山から激励の葉書をもらったという。

丸山義二（一九〇三―七九）は、兵庫県龍野市（現たつの市）出身の農民文学作家である。日本プロレタリア作家同盟に加入し、一九三八（昭和一三）年、第一回農民文学有馬賞を受賞、同年「田植酒」で芥川賞候補となる。多数の作品を残しているが、一九四〇年に発表した『庄内平野』は、山形県庄内町から満洲へ渡った開拓団のリーダーをモデルとし、国策文学として注目された。

丸山が『いろは歌留多』出版に際してどのような「骨折」をしたのか、中塚と直接の面識があったのかどうかは不明である。

**今村太平『戦争と映画』**

本書は第一芸文社から刊行された最後の今村の著書で、発行月は一一月。『映画芸術の形式』から数えると、他社刊を含めて九点目の著作となる。そのうち本書を入れて六点が第一芸文社から刊行された。

『戦争と映画』は太平洋戦争開戦の前後から一年間、雑誌や新聞に寄稿した文章が収められている。巻頭には、当時の海軍報道部課長だった平出《ひらいで》英夫海軍大佐の「若しハワイ海戦の映画があの決死爆撃行の間に撮られてゐなかつたとしたならば我々の報導は或は一般に信ぜられなかつたかも知れない」という言葉が掲げられている。一見、「戦争賛美」の本なのかととまどうが、あくまでも、事実を伝える「映画の力」を強調するための引用である。

第二章の第四節「戦争映画論」では、田坂具隆の『五人の斥候兵』をとりあげ、「ほんものらしい兵隊と戦場の雰囲気を描いた最初の日本映画」「この五人の生還を祈る隊長と同僚たちの姿を描き、戦ひのさ中における兵隊の人間愛を美事に摑んでゐる。戦争の惨虐さを描いた外国映画は多いが、戦場におけるかくの如き温き人間愛を終始描いた戦争映画はほとんど見られない」と述べている。

今村らしい視点と表現は、これまでと根本的に変わっていない。しかし、「東亜共栄圏の盟主たるわが日本映画が、全東亜民族にうけ入れらるべきは当然である」（第三節「国民映画論」）などという文章に出あうと、国家総動員の戦時体制下では、やはり抵抗し難い圧力というものがあったのだろうと思われる。

あとがきでは「映画の政治的重要性は早くから認められてゐたが、それを戦争と結びつけて考察した書物は未だなく、いはんやこれを大東亜戦下の問題として、多少とも系統的に論じた著書はない」と述べ、擱筆《かくひつ》の日付けは「昭和十七年十月大詔奉戴日」となっていた。本書はゆまに書房の復刻版『戦争と映画』を参照した。

この頃、中塚は出版のかたわら続けてきた機関誌「大道」の編集を、画家の下川苔地に託している。紙の配給が減少するなかで、三〇頁程度の薄い雑誌をしばらく発行したようだ。中塚は下川が挿絵を入れたり随筆を書くなどして、薄くても内容はかえってよくなったとほめている。

一九三九年に国民徴用令が施行されて以来、中塚にとっては徴用の不安を抱えながらの出版業が続いていた。日本文学報国会・大日本言論報国会（会長はともに徳富蘇峰）も創立され、言論・出版関係者は軒並み「戦意高揚」「国策宣伝」に動員されるようになった。

# 1943（昭和一八年）

二月、ガダルカナル島撤退開始。四月、連合艦隊司令長官山本五十六戦死。五月末にはアッツ島日本守備隊全滅。日本は次第に敗戦へと追い詰められていく。

この年、第一芸文社が刊行したのは、杉山平一『夜学生』（一月。ただし印刷日が前年末のため、書誌によっては昭和一七年刊と記載されているものがある）、林逸馬《いつま》『筑後川』前篇（一月）、林逸馬『筑後川』続篇（六月）、西山明『忠霊』（六月）、金田一京助・荒木田家寿『アイヌ童話集』（九月）、林逸馬『筑後川』前・続合本（一一月）、荒木精之《せいし》『誠忠神風連』（刊行月不明）の七点。目立つのは初見の著者名が多いことと、九州関係者の戦時色濃い作品が出ていることである。

林逸馬（一九〇三―七二）は福岡県久留米市の出身で「九州文壇」創刊同人。第一期・第二期「九州文学」の創刊同人。第一芸文社刊の『筑後川』合本で、第四回九州文学賞を受賞した。荒木精之（一九〇七―八一）は熊本県菊池市出身。林と同じく「九州文学」同人で、熊本の文芸界の重鎮として活躍した。「神風連」の墓を探索したことでも知られる。

中塚がどのような経緯で九州の詩人や作家の著作を出版したのかはわからなかったが、かつて父とともに創流に参加した専正池坊の初代家元は、創流以前に「池坊九州華務課長」をつとめていた。戦後の復興期には、流派の華務局と日本礼道小笠原流煎茶事務局が北九州市にあり、中塚は戦後、機関誌編集のため当地に赴任している。九州には林逸馬のような「九州文学」を率いる人物がいることを、中塚は知っていたと思われる。

## 杉山平一『夜学生』

一九四一（昭和一六）年一一月、杉山は第一芸文社から『映画評論集』を出版した。そのとき、あとで詩集を出してくれるように頼んでいた。『夜学生』はその約束を果たしたものである。戦時体制の強化で紙の調達に苦労したが、杉山、中塚の両者にとって記憶に残る出版となり、戦後も二人の交流は続いた。

中塚は、「思い出す人」と題して、『夜学生』の用紙の手配に苦労したエピソードを「花泉」に書いている。国策宣伝にふさわしい内容には用紙の特別配給があった。しかし「時局柄ふさわしくないと判定されると用紙の配給がないばかりか、それを無理して出そうとするには勇気がいった」時代だった。『夜学生』は出版許可は受けたが特配対象ではなく、配給される紙は最低のザラ紙だった。

詩集としてはあまりにもみじめと考えた中塚は、紙をさがして京都市内の用紙店を訪ね歩く。たまに見つかっても必要枚数には足りないなど苦労をしていたある日、紹介もなしに訪れた和紙の卸し店で、幼なじみに声をかけられた。彼はこの店で働いていたのだ。こうして「上等の品ではないが茶色の厚手の和紙」を手に入れることができた。本書誕生の陰にはこのような幸運もあった。

しかも「詩集」一千部を刷ってなお余りある紙を案外安く手に入れることができたのである。また、この和紙だけでなく、仙花紙系の用紙も買うことが出来た。百五十頁位の本を一千部出すとして、その数倍の紙を手にした。そのうえ、配給の紙も若干手持ちがあったので私の心は明るかった。

「夜学生」は菊判上製本で、百頁余のものである。表紙、見返し、扉などすべて和紙を用い、それに厚手の洋紙を紫色に染めたカバーを用いた。又目次の頁を黄色の太枠でかこみ文字を黒にした。この装幀は著者の杉山さんの考案であった。

（「花泉」一九六七・六）

本書は一〇〇〇部を印刷。評判がよくて書店でほとんど売り切れた。右の文章を書いた当時、中塚の手元には最後の一冊が残っていたようだが、遺された蔵書のなかにはなかった。私がお借りしたのは、復刻版『夜学生』だった。堺市の銀河書房から一九九〇年二月に刊行されている。このとき中塚はすでに亡く、杉山直筆の手紙とともに遺族に届けられたものだ。

手紙には、銀河書房の社主は杉山の友人で、彼が復刻を希望して少部数作ってくれたことや、中塚の初版本をはずかしめるようなものであってはいけないと心配したが、結果は「まあまあ、かなり似たもの」ができあがったので、五〇年前の感謝をこめて霊前に供えてほしいと書かれていた。

紫色のカバー、茶色の厚手の和紙、目次の黄色の太枠。新しい『夜学生』は中塚が書いたとおり忠実に復刻されている。こういう本だったのか、ということはわかった。けれど著者と版元の思い入れの深い本書は、やはり初版本を手に取ってみたいと思った。

その願いは二〇一六年初秋、京都の古書善行堂店主・山本善行《よしゆき》さんのご厚意で叶った。第一芸文社について早くから注目し、世に紹介された店主の、貴重な蔵書を見せていただいたのだ。

全体の色調と紙質がやわらかく、手にとった瞬間、時間を凝縮した書物特有の存在感に打たれた。しかもこの本は、善行堂がある今出川通りからほど近い百万遍アパートで出版された。巡りめぐった本の旅の終着点として、第一芸文社発掘の「恩人」である山本さんの手元に落ち着いたというのは、大げさではなく奇跡のように思われた。そういえば旧洛東アパートも、善行堂の筋向いというようなところにある。

売れ行き上々だった『夜学生』は、「中原中也賞」と「文芸汎論詩集賞」（最終回）を受賞し、織田作之助たちが中心になって、小野十三郎『風景詩抄』との合同出版記念会も開かれた。親友の織田は、「杉山平一について」と題する詩集評で、「杉山は表現を失った僕らの世代の感覚をうたって成功した最初の詩人である」と評している（『織田作之助全集8』）。

あとがきによると「夜学生」というタイトルは、レムブラントの『夜警』に似ているような気がしてつけたそうである。織田によると詩集の表題を決めるのにずいぶん迷っていて、、先輩や織田にも相談があったという。書名と同タイトルの詩もあるが、最も印象に残った「写真師」を次にあげておく。

## 写真師

そのときまで私はぴちぴち生きてゐた
すると世の写真師は私に云ふのだつた
椅子にお掛けください
手を前に
少し胸をはつて
うごかないで
首をまつすぐ
あごをひいて
ひつそり遂に私は死んでしまつた
たちまち彼は莞爾としてシヤツタアを切るのだつた　莞爾として
あゝ　かれら世間が私にはかなしい
ゆめも冒険も日に日に消えてゆくやうな

（復刻版『夜学生』）

## 西山明『忠霊』

『夜学生』から半年後に刊行された『忠霊』は、まさに戦時であったからこそ書かれた作品であり出版だった。その結果、この詩集は著者と版元の双方に苦い記憶を刻むことになった。

用紙不足は出版社にとって死活問題である。配給を受けるためには、事前検閲を通る企画内容でなければならない。同業者たちは落ち着きを失い、なかには発行承認と用紙配給を受けるために、なりふり構わず出版協会に取り入る社主も出てきた。「こういう部類の人間は、いつ、どこにでもいるもので、特に戦時中は指導者面をしたり、我れこそは戦争に協力する者だと誇称したりする。考えてみると、それだけ必死だったのかも知れない」と中塚は書いている（「花泉」一九六九・一〇）。

一方出版が不自由になってくると、皮肉なことに本を出せば必ず売れる状況も生まれた。出版許可を得るには時間がかかる。当時は申請を出すと大体の見込みをつけて、承認通知が届く二ヵ月くらい前から準備にかかった。しかし印刷終了、あとは製本という状態で通知を待っていたのに、不許可となる例もあった。

「私などは出版点数がすくなく、殆んど一人でやっていたので、それほどのあせりはなかったが、使用人をかかえている出版業者は月に何点かの本を出さないと経営が出来ないので焦りは特にひどかったと思う」（同前）

不許可となった半製品や、原稿をかかえるところも多かったようだ。第一芸文社はもともと生活をかけた出版ではなかったため、無理をする必要はなかったが、それでも未刊の原稿を数点持っていた。中塚は戦時中の出版業者として、自分にも反省しなければならないことが少なくなかったと述べている。

例えばこれは九州関係の出版であるが、Uという人の詩集をことわって、Nという人の詩集を出版した。このNという人の詩集は鬼畜米英などという言葉が出てくる戦意を駆り立てる詩である。この詩集は小部数の出版だったが用紙の特別配給を受けた。いわば特配を受けるための出版だったともいえる。

この詩集の著者であるNという人は、このような激しい詩を書く人であったが、このNという人はごく物静かな人で、郷里の私の家でも泊まっていただいて話をしたことがあるが、この人から戦争の話は一度もきかなかった。私の家の部屋の壁土の色がよいとか、庭

の南天の実の赤い色がすばらしいとか、そんなことしか話されなかった。（同前）

Nと書かれているのは福岡県直方市の西山明のことである。中塚は右の文章中で、彼とは一度会ったきりでその後の消息は知らない、いま、自分は九州にいるので（当時北九州市に住んでいた）知っている人がいたら知らせてほしいと記している。中塚は「Uという人」の詩集を出す話を断って西山の詩集を出したと書いている。それは中塚にとって、紙の特配を求めたうしろめたさの残る戦時出版だった。

ところでUとはだれなのか、N（西山）のその後はどうなったのだろうか。「九州関係の出版」と書いているのでUも九州の詩人ではないかと思い、ネット上で公開されている「九州文学」の目録を調べてみた。

西山明は戦前、この雑誌に五編を寄稿していた（以下、同目録を参照）。

- 小説「むかしの歌」（昭和一七年二月号）
- 詩「光輝」（昭和一七年三月号）
- 詩「霖雨」（昭和一八年六月号）
- 随筆「山本元帥邸」（昭和一八年九月号）

・小説「筑豊の秋」（昭和一九年五月号）

（第二期九州文学　kyushubungaku.web.fc2.com/dai2.html）

これらが『忠霊』の著者の作品であることは、「光輝」が詩集に入っていることから確かである。さらにUについても手がかりはあった。やはり「九州文学」に、詩や短歌、小説など幅広く寄稿している内田博である。いずれの詩人についても、より確かな情報を知るには著書を手に取ることである。

こうして、西山明の『忠霊』（一九四三年）と、戦後の私家版詩集『散文詩』（一九五一年）、そして内田博の『悲しき矜持』（臼井書房・一九四二）が古書店から届いた。

『忠霊』は、入手した第一芸文社の本ではもっとも華やかな装幀の本である。山吹色のカバーをはずすと、深紅の表紙に描かれた淡いピンクの八重桜が裏表紙へと枝を伸ばしている。装幀は下川苔地。扉には、西山の希望だったと思われる二科会の坂本繁二郎《はんじろう》の挿画。さらにこの古書には著者自筆のサインがあり、献本先として「久米正雄先生」と記されていた。

久米正雄（一八九一―一九五二）は、一九四二年五月に創立された「日本文学報国会」の常任理事兼事務局長をつとめていた。同会は文学者の国家統制組織として、大政翼賛会と内閣情報局の指導のもとに結成された。西山は同会詩部部員として活動していたので、その関係からの献本だと思われる。

全一八編のうち第一部の一一編は、中塚が書いているように、激しい言葉で戦意高揚をうたい上げている。第二部は「第一回東北地方文化協議会に臨みて」という副題のある詩をはじめ、地方文化の烽火、芭蕉、春の祭りなどの詩句が見える四編、第三部は西山の故郷、遠賀《おんが》川《がわ》河畔の民衆の暮らしが描かれている。観念的な戦争賛美や郷土文化を称揚する作品は、確かに用紙の特配を受けるにふさわしいものだった。しかし第三部の「黒き土―遠賀川河畔にて―」には、西山明本来の詩精神が垣間見えるような気がした。

黒き土

――遠賀川河畔にて――

この河は黒く流れて
微粉炭の　積る岸あり
山は禿げ　水は枯れるも

微粉炭は「石炭増産」の旗印なり

晩秋の　夕ぐれどきに
老婆ありて　その孫娘だちと打集ひ
この河の岸辺に立ちぬ

黒き土に
微粉炭の土屑は光り
娘らは　鍬打振るひ　汗なして車へと積む
国民皆労の声　此処に光芒を投げ
この地方の家庭燃料「微粉炭」の　黒き泥土は
やがての夕闇に堤防を家路へ進む

この河は黒く流れて
微粉炭の　積る岸あり

筑豊の街に泥炭の土は高く
微粉炭の生活は　此処に始まる

黒き土
晩秋の　河畔の眺めに
福知山の静かに眠り
来るべき　厳冬の備へとなりぬ

（『忠霊』）

「あとがき」によると、本書刊行時の十数年前より詩作を始め、翼賛運動が始まると地方文化運動の活動に挺身し、朋友と共に「筑豊文化連盟」を創立した。また福岡日日新聞、新潟県中央新聞、朝日新聞などに掲載された作品、「九州文学」「詩と詩人」などに同人として投稿した作品を収めたとしている。そして「第一芸文社主人、中塚道祐氏の推めに応じ上梓の運びとなる」と記されていた。

## 「九州文学」と二人の詩人

西山明より前に出版の話があったUという詩人が内田博かもしれないというのは、あくまでも推測に過ぎない。しかし彼の第二詩集『悲しき矜持』は、『忠霊』の半年前に京都の臼井書房から刊行されている。臼井書房は左京区北白川の京大北門前にあり、主人の臼井喜之介は詩人でもあった。臼井が出版業を始めたのは一九三八年で、中塚はその頃すでに洛東アパートに事務所を構え、映画書出版に乗り出していた。百万遍アパートに移ったのは一九四〇年。京大北門前界隈の出版業者として面識があったのではないだろうか。

思いがけず手にとることになった『悲しき矜持』は、『忠霊』の対極にあるような詩集だった。序文は小野十三郎。跋文は臼井が書いている。詩集出版の話はだれかからもちこまれたようで次のように書かれていた。

「(…)この詩集の話があつた時に私は直ぐ応じることが出来た。むしろ喜んでこの遠い地の詩人のために、働きたいとさへ考へた。しかし今はかうしたものの上梓にいろいろ難しい制約があるので、内田氏には出版書肆としての無理も言つたが、快く聞いてもらへたのは、こちらの心の通じたものとしてうれしかつた」

はじめに第一芸文社に打診のあった詩集とは、この『寂しき矜持』ではなかったのだろうか。ありえない話ではないように思うが、これもまた想像に過ぎない。

「九州文学」の目録からは多くのことがわかった。発端は不明だが、第一芸文社と同誌の間にはかなり強い結びつきがあり、林逸馬や荒木精之、秋山六郎兵衛《ろくろうべえ》、玉井政雄（火野葦平の弟。戦後、「花泉」に随筆等を連載）など、多くの関係者の名があった。

各号の巻頭言や特集は、戦時体制の強化とともに次第に翼賛的なテーマが多くなっていく。これを見ていると、西山の詩が突出したものであったとは思われない。たとえば一九四二（昭和一七）年三月号は、「愛国詩特輯」として二四編を掲載している。「大東亜ノ朝」「神々の供へに」などというタイトルが並び、西山明の「光輝」と内田博の「わかれの歌」が入っていた。「光輝」は、中塚が書いていたように米英を激しく攻撃し、大日本帝国を称揚する言葉が氾濫している。一方、内田の「わかれの歌」は、友の出征と戦死を描いている。友の死を「それは美しい死であつたらう」と書いてはいるが、抒情的な詩句の奥には、むしろ静かな反戦や厭戦の気分を感じた。

『忠霊』に続いて九月に刊行された『アイヌ童話集』は、金田一京助・荒木田家寿兄弟の文章、下川苔地の挿画だったが、第一芸文社版は入手できなかった。かわりに一九六二年六月、東都書房から刊行された同名、同著者の『アイヌ童話集』を見ることができた。

金田一による「まえがき」(東都書房版)で、荒木田との関係やアイヌ童話集出版の経緯がわかった。荒木田は金田一の末弟である。年齢差が大きく、長じるまで会う機会は少なく、荒木田の苦労に対して長兄として役に立てなかったこと、荒木田が「自力で道を開いて、文筆で生きてきた」と書かれていた。彼は北海道の夕張に住むおじの家で暮らし、以来北海道びいきになり、金田一のアイヌ伝説を愛読し本書をまとめていたという。

巻末には、金田一と荒木田の写真と略歴が記載されていた。荒木田は「旧姓金田一」とあり、雑誌記者を経て軍需省に勤め、一九四五年に退官。その後岩手放送などを経て、本書刊行時は岩手映画通信社役員となっている。金田一兄弟は岩手県盛岡市の出身である。第一芸文社については書かれていないが、文化映画叢書第三冊『映画と演劇』の寄稿者として荒木田の名があるので中塚とのかかわりはあった。

# 1944（昭和一九年）

**神崎博愛『農村人口維持論』**

年頭に大本営が認可したインパール作戦は、三月の作戦開始から七月の悲惨な退却まで多くの犠牲者を生んだ。この年の記録には「緊急国民勤労動員」「決戦非常措置」などの緊迫した言葉が並ぶ。六月のマリアナ沖海戦では空母の大半を失い、グァム・テニアンの日本軍は全滅。一〇月に入ると戦況はさらに悪化し、神風特攻隊が編成された。

中塚は、この時期から思うようにならないことが続き、戦後にかけてあまり良い年ではなかったとふり返っている。

一九四四年四月には、神崎博愛《ひろちか》（一九〇八―八六）の『農村人口維持論』と秋山六郎兵衛編『福岡県　人物篇』、『アイヌ童話集』の二版を出した。七月には市川亀久彌『独創的研究の方法論』

と富田亀邱《ききゅう》『日本刀講話』を刊行した。市川と富田の本の発行所は「京都印書館創立事務所」となり、表紙に「第一芸文社」と記載されている。

古書店から届いた『農村人口維持論』は一一一頁。論文の抜き刷りのような体裁で、背表紙下部に「部門・番号」のラベルがあった。受け入れは「昭和十九年六月八日」、発売から間もなくどこかの研究室が購入したのだろう。

書名は背表紙に印字されているだけである。下部のラベルの文字は薄れ、後で上書きされていた。裏表紙をよく見ると写真が透けて見える。少しめくれていたので貼り合わせた紙をはがしてみると、六人の少年の顔写真が出てきた。もちろん名前も入っている。念のため表側も確認すると、同様に六人の写真だった。後日補修されたのかとも思ったがラベルは古い。一二人の少年たちは、丸い眼鏡、頭は丸刈り、詰襟の学生服で、卒業アルバムのようだ。紙不足のためであろうが、彼らは古書に封印された「時代の証人」たちでもある。

本書を出版した当時の神崎の肩書は、「京都帝国大講師」。『農村人口維持論』は、どうすれば農村人口を維持できるかではなく、なぜ農村人口を維持して行かねばならないかを論じたものだという（「序」）。「この小論も中塚道祐氏の話のあるまでは公表しようとは夢にも思ひ及ばぬところであつた」と記して間もなく、神崎は校正作業を助手に託して満洲へ向かった。

本書では村落共同体における「地主」の役割にふれている。かつては、地主と小作の関係を「搾取関係」として抽象したが、これだけでは充分な理解にはいたらず、地主が「農業的存在ならず」とは断定できないというようなことが書かれていた。中塚自身が小村落の地主であり、関心をもっていたテーマだったと思われる。『軍鶏』や農民小説集『建設』などにつながる出版だった。

なお本書では第一芸文社の所在地が、百万遍アパートではなく「京都市東山区三条広道東」となっている。

## 日本地方文化建設叢書

一九四二年の出版許可制と用紙の査定割当への移行によって、全国の出版業者が自由に本を出せなくなった頃のことを、中塚は次のように書いている。

先ず、こちらの出したいと思う本の題名、著者名、部数、内容などを所定の用紙に書いて届書を出し、許可の通知があってから本づくりにかかるのである。ところが、許可があっても紙がないので本が出せないという場合もある。審査の結果、良書として特別の許可がある本には、特配としてその分の用紙が配給されるが、特配にならない普通の許可本は手持ちの用紙で出すか、この手持ちがなければ出せないことになる。

だから、当時はこの特配をめざして本の企画を立てたもので、出す方では面白くなくても、こんなものなら特配になるだろうと、出版をつづけるのにみんな必死であった。

（「花泉」一九六七・一二）


中塚のように死活問題に直結した仕事ではなかったとしても、第一芸文社の存続が危ぶまれる状況には変わりがなかった。この危機を乗り切るために考えた企画が、「日本地方文化建設叢書」である。企画の内容は思い切ったもので、道府県ごとに文化・人物・歴史・産業篇に区分して刊行し、完成すれば約二〇〇冊になる膨大なものだった。

中塚はこの企画に必要な全国文化人名簿と翼賛会の協力を得るため、東京の大政翼賛会文化部へ出かけた。部長（岸田國士《くにお》）は留守だったが、副部長の上泉秀信に面会して企画書を見せると、しばらく考えたのちに、「流行に左右されるような出版はしない方がよい。今は戦時中だからこんなものがよかろうと安易に企画を立てることはいけない。そうゆう物は戦争が終わって平和になれば駄目になってしまう。いつ、どのような時にも価値をもつ本を出すべきです」と言い、さらに「これは大へんな出版だが、これを最後までやりとおすことが出来るかどうか、やるとすれば覚悟がいりますよ」と言った。（同前、以下同）

中塚は上泉の言葉を聞いて「心の虚をつかれた」と感じた。なぜならこの企画は紙の特配を期待してのものだったからだ。しかし面談の結果は中塚にとって有利なものとなり、特別許可と希望枚数の二倍の用紙特配を受けることができた。上泉とはなにか相通じるものがあったのかもしれない。叢書の第一弾として着手したのが、『福岡県　人物篇』で、一九四四年四月一〇日付で発行された。

入手した『福岡県　人物篇』は厚さ三センチ、四七六頁もある。発行所は第一芸文社だが、奥付上部の検印紙には廃業時の版権譲渡先である晃文社の社名が入っていた（『農村人口維持論』も同じく晃文社）。

本書の編者・秋山六郎兵衛は「九州文学」同人。後記を書いている林逸馬も同人である。林は「私共が、今回の事業を企画し、地許各方面の造詣者、権威者にお依頼して、それ〴〵得意の題目を選んで執筆していたゞく事にしたのは、一昨年の初めの事でありました。早いもので、もう二年余りになります」と記している。

日付は発行日よりあとの五月一日となっていて、ちょうど出版社の統廃合が進んでいたさなかであった。林の後記によって、一九四二（昭和一七）年には、叢書の企画が動き出していたことがわかる。林逸馬は、四三年に『筑後川』の前篇・続篇・前続合本を第一芸文社から出版している。

編者の秋山は、このような叢書の試みはおそらくわが国では最初のことだと述べている。本書には一九人の筆者が寄稿し、古代から近現代と幅広く取り上げられているゆかりの人物の中には、久留米絣の井上伝や、黒田如水、貝原益軒、カラクリ儀右衛門などの名があった。

それにしても、この壮大な叢書の企画がなぜ認可されたのだろうか。このことを理解するには、当時の大政翼賛会について知る必要がある。

一九四一（昭和一六）年一月、岸田や上泉は翼賛会文化部の果たすべき役割を検討した結果、「地方文化新建設の根本理念とその方策」をまとめ、パンフレットを作成して全国に配布した。新体制における「文化」は生産面にもふれた新しいものであり、日本文化の正しい伝統は、外来化した中央文化よりも地方文化に存在しているとして、地方文化の振興をうたうものである。

中塚の企画はこの理念にかなうものだった。

ここで思い出すのが西山明の『忠霊』に収められていた「土に叫ぶ」という詩。サブタイトルは「第一回東北地方文化協議会に臨みて」である。

「集る人　中央より　地方より／地方文化の烽火をかざし／逞ましき情熱に／燦然と／雪国東北の光芒を放つ」

西山の詩は、地区ブロックごとの協議会の第一回が、宮城県の県会議事堂で開催され、二日間にわたって四一議案が終日熱心に討議されたことをとり上げている。

北河賢三編『資料集総力戦と文化　第1巻』（大月書店）によると（翼賛会文化部については本書を参照）、第一回は一九四一年一一月に開催された（五四頁）。西山ははるばる九州から仙台の会議に赴いている。彼のように迷いなく　翼賛体制の波に乗る動きもあれば、中塚のように内心に忸怩《じくじ》たる思いを抱きながら、妥協的な行動をとった人々も多かったのだろうと推測される。

前述の上泉秀信（一八九七―一九五二）も、そのような思いをかかえた一人だったのかもしれない。山形県に生まれ、早稲田大学高等予科に学ぶが学費滞納により除籍。その後都新聞社に入社し学芸部長として連載小説の選定を担当。小林多喜二や尾崎士郎など多くの作家を世に出し、自らも農民文学や戯曲を執筆した。戦後は福島県いわき市で帰農したという（中山雅弘『農

民作家　上泉秀信の生涯』歴史春秋社・二〇一四）。

上泉は岸田國士らとともに、大政翼賛会幹部として戦争推進を担ったことから、戦後は公職追放の処分を受けた。しかしプロレタリア作家とのかかわりなどもあり、偏狭な国粋主義者ではなかったようだ。それは中塚との面談時のアドバイスでもわかる。

帰農後もいわきの田舎にただ逼塞していたわけではなく、農村文化興隆のために自ら「農」に身をおき、農村の民主化に尽力している。前掲書の年譜によれば、上泉が翼賛会に在籍したのは、一九四〇年一〇月から四二年六月までで、このとき彼は四〇代前半であり、面会した中塚は三〇代の終わりであった。

## 大政翼賛会滋賀県支部

中塚の『思い出の記』には、交流のあった親しい友人の思い出が綴られている。「わが友の思い出」と題するものと、それを増補修正した「遠い日の三人の友情」である。三人は第一芸文社の本の装幀を手がけた画家の下川苔地、若くして亡くなった郷里の友人、やはり同郷の佐久間紀彦である。

佐久間の家は代々が医者で、中塚の父とも親交があった。東大文学部で哲学を学び、妻の郷里であった長野で新聞記者をしていたが、太平洋戦争開戦直後と思われる時期に滋賀へ帰り、大政翼賛会滋賀県支部の文化部長となっている。

ある日、この佐久間から中塚に手紙が届く。中塚のことは同郷の知人から聞いていてよく知っている、時局下戦意高揚のため、文化関係者に参集していただき、今後の活動について話し合いたいので、第一着手として県下花道界各流派の幹部に出席してほしいという依頼だった。当日、滋賀県庁には三〇人余りが集まった。会合が終ってから、佐久間と二人だけで三〇分ほど雑談したのが最初の出会いである。花道関係者としての出席だったが、第一芸文社のことは当然知っていたと思われる。

既出の『資料集総力戦と文化　第1巻』によると、一九四二年二月一八日に「滋賀県文化団体結成準備懇談会」が開催されている（六五頁）。中塚は「第一着手」と書いているので、引き続き各種文化団体との懇談会が行われたのだろう。同年一〇月三一日には「滋賀県文化協議会」が開催されている。

当時の中塚は百万遍アパートに事務所をおき、自宅のある真野村から京都へ通勤していた。江若《こうじゃく》鉄道で堅田から浜大津へ向い、そこから京津線で京都へ出るのだが、ある日、偶然佐久間と一緒の列車に乗り合わせた。中塚は初対面のときの佐久間は人なつこい人だったと書いているので、おそらく話が弾んだのだろう。佐久間は中塚より一〇歳くらい年下だったらしいが、やがてどちらからともなく乗車の時間を合わせるようになった。

通勤ラッシュ後の九時半ごろに乗り、静かな車内で浜大津までの三〇分間、出版のことや国内外の情勢などの雑談を楽しむようになった。だが世界情勢について話すときには、佐久間は小声になり、特に戦争の話は、座席の向かい側からわざわざ中塚のとなりに座り直し、耳に近づけてささやくような小声で話した。

帰路も同じ列車だったが、今度は混雑する車内で立ったままひそひそと話し続けた。それだけでなく、下車すると駅前の柳の木の下で、線路脇の柵にもたれて話すというのが日課になった。中塚の長女俊子がちょうど大津の女学校に通っていて、その様子を見かけたのか、夕食のときに「父ちゃん今日も柳の木の下でクマさんと話していたわ」と言うほどだった。

ある日、中塚は佐久間に一冊の本を渡した。徳永直・渡辺順三の共著、『弁証法読本』である。一九三三(昭和八)年、ナウカ社から出版されたが、本書も入手はおろか人目につくところでは出せない類いの本だった。中塚と佐久間はよほど信頼できる関係だったにちがいない。

その頃出版界の統廃合が強制的に進められ、京都市内の四〇社はさらに対策を迫られていた。

他社と合併して生き残ったとしても、徴用が来ればどうなるかわからない状況下で、中塚は京都に泊まることが多くなり、佐久間とも会えなくなった。

ある日久しぶりに出会うと、彼は日本はもう負ける、物資は底をついているといつになく強い口調で言った。そして数日後、タイプ印刷されたものものしい書類を中塚に渡して、近畿地区六府県の大政翼賛会文化部長会議に代理で出席してほしいと頼んだ。

師団司令部の現役大佐級軍人が三人、東京の翼賛会本部から二人（このころ上泉はすでに退職していた）が出席する会議である。自分などが出席していいのかと問うと、佐久間はすでに連絡してあるから心配はないと言った。

当日、その印刷物を持って、大阪の会場へ行った。会場は大きなビルの四階の一室である。（…）私は受付で印刷物の書類を見せて、所定の椅子に掛けた。予定より人数が多く、全部で十五、六人である。私の机の上には、（…）滋賀県文化部長の下に、第一芸文社・中塚道祐（私の実名）とある。（…）それにしても、佐久間さんが連絡済みと言ったのは、このことであったのかと思い、なんと手回しの早いことであろう、と驚いた。

当日の議題は、戦争に勝つために、今後の文化活動をいかにすべきか、であった。

これについて、東京の本部の人が趣旨説明をし、続いて現役軍人の人が、軍刀を突いて机の前に乗り出すようにして、国民の士気の低下を慨嘆し、何が何でもこの戦争に勝ち抜かねばならぬ、と叱咤激励する演説をした。聞いていて、それは虚ろな響きしかなかった。この二人の趣旨説明や演説に続いて、各府県代表の意見を述べることになった。

大阪、京都、兵庫、和歌山に続いて、滋賀代表として私が立って話す番になった。私は、二、三の具体例をあげて私見を述べた。そこで私が何をどのように話したかは、よく覚えていないが、とにかく、国民の士気の低下はお話の通りで、このままでは勝てるとは思えない。戦争に勝つためには、国民の日常生活、衣食の配給をもっと多くすべきである。文化活動などという観念的なことは二の次である、などと随分乱暴な言い方であるが、このようなことを話したかと思う。

（『思い出の記』二二〇―二二三頁）

中塚の発言は、「文化活動が観念的」というところで現役軍人の心証を害したらしく、攻撃的な言葉を向けてきたそうだ。ふつうなら「非国民」として拘束されてもおかしくなかったが、代理とはいえ滋賀の文化部長の肩書で出席しているのでことなきを得た。謙虚で目立つことを嫌った中塚だが、花道や出版を通して少なからぬ批評家や芸術家と交流を重ね、内には確たる信念を持ち続けていた彼らしい一面である。

当時の食糧難が念頭にあったのか、中塚はこの会議に続いて供された昼食の豪華さについてもふれている。特上の魚や分厚いビフテキ、デザートは菓子や果物、最後はコーヒーも出された。配給生活にあえぐ庶民の日常とはあまりにもかけ離れたぜいたくに驚きながら、もしかすると佐久間はこういう実態を見せようとして代理出席をもちかけたのかもしれないと思った。数日後、駅の待合室で佐久間に会議のことを話すと笑っていたそうだ。

## 廃業へ

戦争末期の出版界は混乱を極め、相次ぐ統廃合によって社数は激減した。業界では第二次整備のうわさが流れ、各社の合併話がもちあがっていた。善後策を考える会合が連日のように開かれ、中塚は郷里からの通勤ができずにほとんど京都にいた。そんな頃、しばらく会っていなかった佐久間から、胸の病気で診療所に入っているという手紙が届く。大阪の会議への代理依頼には、佐久間自身の体調の問題があったのかもしれない。しかし見舞いにも行けない忙しさだった。半年程度の入院を伝えてきた佐久間は、幸いにも早期に退院して復職した。

再び二人で話す機会ができた。彼は入院中に思うところがあったのか、今までとはどこか違う真剣さがあった。お互いに「戦後」にいち早く立ち上がるため、今から準備をしておいたほうがよい、戦後の出版を今から考えてほしいと繰り返し話したという。そして彼自身も原稿を書いていると打ち明けた。

「いま人に見せることはできないが、この原稿が活字になるときは必ず広く読まれると思うのです。ぼくたちはいま、毎週一回、大津でひそかに会合を持っているのです。学校の先生とか、散髪屋の主人とか、全部で十人ほどですが、いろんな人がいますよ」(『思い出の記』)と。

四四年の春だろうか、突如中塚に「徴用」の命令がきた。その前に郷里の村長からは何度も役場の仕事をしてほしいという要請が来ていたので、もはや躊躇する暇もなく役場に入ることを決めた。こうしてなんとか徴用は免れたのだが、今度は出版社をたたむための残務整理に追われた。

第一芸文社に対しては、立命館大学出版部との合併話があったが断わり、半製品その他一切の権利を晃文社へ譲渡することにした。半製品として中塚があげているのが、「日本地方文化建設叢書」と市川亀久彌『独創的研究の方法論』である。しかし奥付を見ると、一九四四年に刊行した五冊は、発行日や発行元の表記の仕方から考えると、すでに版権を譲渡していたようだ。

四月一〇日発行の『福岡県　人物篇』、四月五日発行の『農村人口維持論』の検印紙も晃文社だった。七月一〇日発行の『独創的研究の方法論』の発行所は京都印書館創立事務所だが、検印紙はやはり晃文社である。発行元に第一芸文社の名はないが、題字が書かれた扉には「第一芸文社刊行」と明記されている。

そして序文の最後に「尚本書の出版に当つては、之を心から快諾された、第一芸文社の中塚氏並びに晃文社の吉田氏と、種々御配慮を御受けした知友の山岸氏とに対し、御好意の程を厚く得礼申し上ぐるものである」との著者の言葉があり、「昭和十九年五月」の日付があった。

先に『農村人口維持論』の表紙が古いアルバムで作られていたと書いたが、『独創的研究の方法論』の表紙にも、再利用らしい痕跡が見える。「叢書」は潤沢な用紙配給を受けられたのに、この二点は深刻な紙不足の影響を受けていたと思われる。

この年にはもう一点、第一芸文社刊の本がある。『独創的――』と同時期の刊行と思われる富田亀邱『日本刀講話』である。国会図書館の書誌では、やはり印書館発行とされながら「第一芸文社」の名が入っていた。

中塚は晃文社に版権や半製品等を譲渡したが、その晃文社も「京都印書館」へ統合されたようである。七月には中央公論社と改造社が廃業命令を受けるなど、戦争末期の混迷のなかで第一芸文社はついに廃業にいたった。

第六章

# 戦後の出発といけばなへの回帰 1945-71

## 友の遺著

一九四四年は徴用や廃業問題が起こった大変な年だったが、さらに中塚を落胆させたことがあった。佐久間紀彦が、妻子をともなって長野県に疎開したという知らせが届いたのだ。信頼できる話し相手を失った中塚は大きな衝撃を受けた。そして四五年の年明け、追い打ちをかけるように佐久間の死を知らせる便りが届いた。

あれほど生きのびようとしたのに敗戦を待たずに佐久間紀彦さんは死んでしまったのだ。佐久間紀彦さんの父は医師であり、私の父とも交遊があり心安い間柄であったが私はゆききをしていなかった。ところがある日、終戦の二十年の暮れに突然私宛に手紙と小包がとどいた。その手紙には生前の息子との交友を謝し、記念の本だからうけとってほしいと書いていた。その小包をあけてみると、佐久間紀彦著「百万人の経済学」というA５判百五十頁ほどの本である。私はこの本をみながら、いつの間にこの本の原稿をまとめたのであろう、恐らく敗戦を予想して書いておいたものだとおもった。若し生きていたなら、私の第一芸文社から出すべき本であったのに佐久間さんもそれを望んでいただろう。その本の発行元は東京になっていた。

人の一生の中で知友を失うということはさびしいことだ。誰れもが経験することであるし、これが人生というものであろうが、本当にさびしいことだと思う。

（「花泉」一九六七・七）

佐久間の父の手紙には、紀彦が原稿を中塚に見てもらたいと言っていたことや、ほんとうはあなたの第一芸文社から出したかったようだと記されていた。右の文章中、本が送られてきたのは「二十年の暮れ」ではなく「二十一年の暮れ」と思われる。通勤列車の中で声をひそめて語り合った佐久間の、「原稿を書いている」という言葉は敗戦を経て事実となった。

国会図書館の書誌によると、発行元は東京の研進社だった。本書の総頁数は中塚の記憶とは異なり五六頁である。さらに詳細な目次のデータを開いてみると、全一三章で構成され、一章につき二、三頁から六頁程度の記述だった。中塚が「当然自社から出すべき本だった」と惜しんだ佐久間の遺著を、図書館でリクエストした。

他府県の館から提供された貴重な資料をいつもの利用館で閲覧できたが、刊行から七二年たった『百万人の経済学』は厳重な取り扱い注意が指示され、コピーも職員に依頼することとなっていた。刊行の日付は「昭和二十一年九月十日」で、やはり本文の頁数は五六頁だった。

表紙は劣化したのか裏表紙とともに厚紙で補強され、原本から切り抜いた部分を貼ってある。そこに描かれた赤茶けたイラストは、一見、銃を構えた兵士に見えた。しかしよく見ると、それは削岩機を構えた鉱山労働者の姿だった。

宮川實《みやかわみのる》（一八九六—一九八五）の序文によると、著者亡きあと妻から研進社に出版の相談があり、担当者が宮川に原稿を読んでもらえないかと依頼したのだった。宮川は河上肇に師事し、戦前から『資本論』などを共訳しているマルクス経済学者である。宮川は、経済学の入門書を出版することは目下の緊急事であり、佐久間の原稿について「経済学の初歩的な研究者に提供することは、有意義である」と答えている。

佐久間は第一芸文社の廃業を知っていたはずなので、研進社への相談は生前の希望だったのだろう。前章で紹介した中塚の文章には、二人が出会っていた頃、佐久間が他のメンバーと勉強会を開いていたと書かれていた。敗戦を予想し、その後の社会を考えるためのテキストとして本書を執筆していたと思われる。

内容は、資本主義経済の成り立ちと、その帰結としての帝国主義、それが植民地を求める過程をわかりやすく解説したもので、最終章には次のような文章があった。

植民地によつて世界の労働者の悲惨な状態が救はれる等と考へるのはとんでもない誤りだ。反対に植民地では資本家の横暴ぶりが最も露骨に発揮される。日本の植民地としての朝鮮や満洲では、朝鮮人や満洲人が如何に待遇されたか？　彼等は奴隷と変らない単なる便利な安い商品だつたではないか。しかもその結果、日本の労働者が少しでも楽になつたか？　反対に賃金が切下げられ職を失ふことになつたのではないか。利益はたゞ資本家の手に流れこんだのだ。労働者諸君、植民地が得られたら君等の生活は楽になるなどといふ資本家のお説教には断じて瞞されてはいけない。

（『百万人の経済学』五四頁）

## 新芸文社と市川亀久彌

佐久間の遺著が刊行される少し前、中塚は真野の実家で四九頁の小冊子を発行している。中塚の蔵書に残っていた貴重な冊子を見ることができた。市川亀久彌の『独創の理論』である。発行元は「新芸文社」となっている。奥付の印刷・発行日は「昭和二十一年六月」（日付なし）、印刷所は京都の河北印刷工業所、発行所の住所は滋賀県滋賀郡真野村谷口である。

巻末の「附記」によると、「本書は、拙著『独創的研究の方法論』（一九四四）第一芸文社刊及び『独創の方法論』（一九四五）京都印書館刊への入門書」として刊行された。

第三章の「洛東アパート」の項でふれたように、中塚が市川に出会ったのは一九三八（昭和一三）年頃のことで、アパート近くの学而堂という古書店だった。

市川は戦後、同志社大学教授となり、一九六〇年代から七〇年代にかけて湯川秀樹との共著『生きがいの創造』や湯川・梅原猛との共著『人間の再発見』を刊行し、湯川らと季刊『創造の世界』を創刊している。五〇年代には今村太平の「映画文化」や鶴見俊輔の「思想の科学」にも寄稿している。前掲の『生きがいの創造』（雄渾社・一九六七年）の著者略歴欄に、市川の主著として、「『独創的研究の方法論』・『独創の理論』・『独創の方法論』・『未来人』『創造に生きる人間』ほか」と記載されていた。

本書によると湯川とのかかわりは、市川が京大理工学部で助手をしていた当時、紹介状も持たずに湯川の研究室を訪ね、「創造理論」について話したことがきっかけだったという。湯川とのたび重なる議論を経て思索を深めている頃、中塚との交流も始まっていた。

『独創の理論』は戦後になって、前著の補遺として書かれた論考である。市川の相談を受けて、まさにこの一冊のためにだけ、中塚が発行者を引き受けた「新芸文社」だったと思われる。

## 新しい村

「花泉」（一九六七・九）に、「新しい村づくり」と題する文章が残されている。「昭和二十年八月、私は郷里の滋賀で終戦をむかえた。多くの疎開者は終戦と同時に都会に出たが私は二度と都会に出ようとはおもわなかった。三月から始めた農耕生活は六カ月になり植付た稲は四十センチにもなって、あとは収穫を待つばかりになっていた」で始まっている。これによって琵琶湖西岸の小村落に、理想のユートピアをめざす活動があったことをはじめて知った。「新しい村づくり」の顚末を、「花泉」の記事をもとに要約してみる。

＊＊＊

敗戦後の模索のなかで農耕生活を送っていた一九四六年四月、一通の手紙が届いた。手紙の送り主はいけばなを通して知った陶工で、花道界で活動していた頃から交流があった。手紙には新規まき直しのため何かやりたいとして、武者小路実篤の「新しき村」について書かれていたらしい。

自分も同じような「村」をつくりたいと思っていた中塚は、将来の理想社会のサンプルとしての村づくりを真面目に考えていると返事に書いた。そのときはまだ、漠然と何か事業をやりたいと思っていただけだったが、その後陶工と話し合って、陶器製造を村の事業とし、資金調達のため有限会社を設立することを決めた。

中塚はさっそく出資者集めを始め、必要人数の七人は、中塚たちのほかに出版関係や同郷の知人など、一ヵ月もかからず集まった。この七人の組合せについては、「今から考えると、これはおよそ私の考えていたこととはちがったもので、新しい村づくりがこうゆう中から生れるとは思われないのである」と記している。勢いというのか、成り行きに押されるようなところがあったようだ。

出資者が決まり、真野の家では連日準備会が開かれた。設立された有限会社は「平和荘」を社名とし、それから一年がかりで工場と窯をつくった。完成したのは一九四七年の夏から秋と思われる。村づくりの具体化は、中塚所有の広大な竹やぶを開墾して工場の敷地とする重労働から始まった。十数人の作業員を雇い、自らもつるはしを振り上げて竹の根を掘り起こした。こうして整地された敷地の真ん中に、工場と窯が築かれた。小規模の窯だったそうだが、整地作業などに思わぬ費用がかかっただけでなく、窯の完成までの一年間は会合があるたびに自宅を提供して飲食の接待もした。

ともかく窯と工場が完成したので、村の若者を数人雇い入れて陶器の製作にとりかかった。抹茶茶碗や花瓶、皿、どんぶり、灰皿など一〇〇〇個あまりが作られ、「万一という心配と成功した時のよろこび」を思いながらついに火入れの日を迎えた。ところが、結果は無残にも失敗だった。京都の陶器試験所に調査を依頼してわかったのは、窯の構造に問題があるということだった。著名な陶芸家河合卯之助を訪ねたときには、滋賀で窯をやって失敗したのはあなただったのかと言われたそうだ。

窯をつくり直すのかどうか、株主会を開いて善後策を協議したが、株主会では設計した陶工との対立が深まり、結局陶工は「平和荘」を脱退。中塚がその持ち株を肩代わりすることになった。一九四七年の終わり頃と思われる。

その間、中塚の家には京都の陶芸家や美大の彫刻科を出た若者たちが出入りし、村人たちを集めて談話会を開催し、今村太平も講師として映画の話をしている。ところで「平和荘」の再建はどうなったのだろうか。

（…）新しい村の再建は一層困難になった。もはやそこには新しい村づくりなどという理想はなかった。わたくし以外は一定の職業を持っている人ばかりで、若干の出資をしているというものの、何が何でもこの「平和荘」を成功させようというような気持ちがなかった。その必要もなかったのである。また私自身にも今から考えると仕事にたいする執念、その根性が不足していた。妻はこの仕事をこれ以上つづけることに賛成しなかった。むしろ、早くこの仕事をやめてもらいたいと云った。これは無理のないことで、戦後の物資不足のときに、読書会、談話会、農民組合、平和荘などのことで私の家には人の出入りの絶え間がなかったし、そのことで、食事その他で苦労するのは妻であった。

（「花泉」一九六七・九）

こうして、「平和」と「村の民主化」の理想をかかげてスタートした共同体の夢は挫折した。当時は病気療養中で、この新しい村づくりの理想に共鳴し、健康になったら平和荘で働くことだけを生きがいにしていた娘の俊子は、事業の挫折に誰よりも深く失望し悲しんだ。俊子はその後一時的に病状が好転し、大津の女学校へ通ったが再発。再び病臥の身となる。中塚は妻とつきっきりで看病した。しかし衰弱はひどくなり、一九四八年六月、他界した。享年二〇。中塚にとっては「平和荘」の挫折に続く痛恨事であった。一九四九年に『嵐』という私家版・手づくりの歌集を作っているが、平和荘と俊子の死を詠んだものと思われる。

## 新たな出発

俊子の死をみとったあと、失意の中塚は京都へ出た。まとまった文章としては残されていないが、一九七四年に編んだ歌集『老人の歌』のなかに、「戦後長女をなくしたあと、昭和二十三年京都在住の頃のもの」（あとがき）という歌があり、京都で一時期古書店を営んだときのことを歌っている。

修さんのお話では、店は知人の好意で河原町通丸太町に開いたそうだが、「平和荘」の株主の一人に「出版関係の堀井氏」の名があり、これは「映画文化叢書」などを印刷した堀井欧文印刷所の経営者ではないかと思われる。印刷所の住所は河原町通丸太町上ルなので、この一角か近くを借りて古書店を開いたのだろうか。とりあえず家にあった本を持って行ったが、本格的に古書店経営に乗り出したわけではなかったらしい（原文は三行書き）。

●たまさかに　良書の　入る日もあるが　金につまって仲間売りする
●本の数はふえたが　質は落ちたよと　人に言われてがっかりとする
●こんなものは　つぶしに出せといわれるが　本が無いので棚にならべる
●三日間　本の売れない日が続く　黙って閉めて　だまって帰った

戦後四年目の京都の一角で、手持ちの本を並べて始めた古書店は、素人には難しい商売だったようだ。風邪を引いて卵を二つ買えば、一日の利益がゼロになるという歌もある。手もとに金のない日が続き、本の買取りを断ったことや、はかばかしくない商いに困って短気を起こしたことも歌っている。古書店は長続きしなかったらしい。

中塚にとってはもっとも辛い時期にあたり、一九四八年から四九年と思われる。修さんによると、後年当時を思い返して、京都の出版社やいけばなの知人たちにいろいろと助けてもらったと語っていたそうだ。次の歌は、その頃の家庭の様子を詠んだものだろうか。

●このつぎは何を売ろうか　配給を前にして　妻と口論をする
●いさかいて　家を出たけど　おそろしい予感おぼえて　また　帰ってくる

## ●売る物も　もうなくなった　夜半に妻と　手放す家の相談をする

右の歌のような窮状に陥っていたある日、かつて手がけた専正池坊の機関誌復刊にあたって、編集を依頼したいという話が届いた。復刊が一九五〇年一月号なので、依頼は四九年の後半だったのだろう。

戦前の機関誌「大道」は、一九四二（昭和七）年か翌年に休刊となっていた。戦後の社会が少しずつ落ち着き始めた五〇年前後、人々はようやく花をいける自由と余裕をとりもどし、他流派の花道誌の復刊も相次いでいた。「大道」は「花泉」と改題され、中塚が編集を担当することになった。

一九五四年頃、中塚は子どもたちには一切相談せず、先の歌にあったように家屋敷や家財道具のすべてを売り払ってしまう。屋敷は壊され、多くの文化人、芸術家をもてなした旧家のたたずまいを見ることはできない。中塚は妻とともに奈良の天理市に数年住み、一九五八年一二月、専正池坊華務局がある北九州市小倉区へ転居した。

それを機に、本名の「道祐」ではなく通名の「勝博」を名乗るようになる。理由は、彼が師事した家元の名（祐道）と似ていたからかもしれないと修さんは推測しておられた。一方、節目には思い切りよく過去を捨てようという言葉を彼は残している。人生の岐路に立っての決意の証だったのかもしれない。

こうして中塚はいけばなの世界に復帰した。戦争末期に第一芸文社を廃業し、郷里の真野に帰ってから六年余りたっていたが、彼にとっては古巣へもどったようなもので、一九七〇年に退職するまで二〇年間、機関誌の編集を続けた。戦前から出版業と並行して行っていた花道誌編集が、中塚の本業だったと言えるのかもしれない。しかし彼は、敗戦に向かう一〇年という厳しく短い時間に、日本の映画史に残る著作を世に送り出したのである。

「機関誌20年の回顧」(1)・(2)(「花泉」一九七〇・一〇－一二)を読むと、「花泉」の寄稿者や随筆のテーマには彼の人脈や芸術観をしのばせるものが見られ、中塚らしい機関誌である。

創刊号は、第一芸文社創業を後押ししてくれた重森三玲の「いけ花美術史」の巻頭連載から始まり、詩人の天野忠(一九〇九－九三)が随筆を寄稿している。天野との交流は晩年まで続いた。

天野は京都生まれ。戦前から詩を書き、同人誌「リアル」を発行していたが、一九三七(昭和一二)年の京都人民戦線事件によって、仲間が特高に検挙されたあとは詩作から遠ざかり、戦後、「コルボウ詩話会」(一九四九年)に参加して詩作を再開。滋賀の「近江詩人会」にもかかわっていた。敗戦後は圭文社（ここでは富士正晴と一緒だったらしい）などの小出版社に勤務後、四八年から三年ほど、「リアル書店」という古書店を営んでいる。一九五一年、奈良女子大学付属図書館に職を得て、以後二〇年間勤務した（『天野忠詩集』永井出版企画・一九七四）。中塚とは共通する経験があったといえそうだ。

天野の寄稿は、中塚が編集長を辞してからも続いている。九州の古書店から取り寄せた「花泉」は一九七七〜七八年発行の数冊だが、そこにも天野の随筆が掲載されていた。中塚の次の編集長は二男の中塚伸で、『思い出の記』の執筆を父にすすめ、中塚の没後に手づくりでまとめたのはこの人である。

## いけばなと平和

戦後の京都で花道誌を編集していた時代には、手づくり歌集『嵐』のほかに知り得た範囲で中塚道祐名義の著書が四点あり、いずれもいけばな関係の本である。

五二年の『盛花投入教科書初等科』はいけばなの教科書で、大分県の専正池坊出張所が発行元。五三年の『いけばな芸術論』（第一芸文社）、五四年の『いけばな芸術構成論』（同）、五五年の『いけばな芸術事典』（桐華社）である。このうち事典は改訂を重ね、九州から滋賀に帰郷後、『現代いけばな芸術事典』（同・七一年）として刊行された。ただし著者名は「勝博」となっている。『いけばな芸術構成論』のみがタイプ印刷の小冊子。五〇年一二月の『諸泉祐道先生遺作集』は、中塚が編集し、「悌治」名で刊行者のことばを書いている。

一九五五年、京都の桐華社から刊行された『いけばな芸術事典』は、戦前の出版社時代に手がけた映画書を思い出させるテーマが随所にある。いけばなの参考書としては異色だが、やはりどこまでも中塚らしく思われた。前掲の冊子『いけばな芸術論』を整理発展させたもので、実際には事典というより、いけばな論集として読める。「まえがき」では、平易な言葉を手がかりにして自分の言葉でいけばなを考え、諸芸術について広く理解をもつことと、自分の頭で、自分の言葉で、平易な理解をうちたてることが大切だと述べている。

興味深いことに、修さんより拝借した同書には何カ所も編集・校正の筆が入っていた。おそらく一六年後の改訂版の底本として使ったと思われ、いくつかの項目と写真が削除されていた。そのなかに「農村といけばな」がある。初版の五〇年代と高度経済成長期の一九七一年では、農村の状況は大きく変わった。初版時のように、いけばな学習者の過半数が男子青年ではなくなっていたのだろう。中塚の事典は、いけばなを習ったことのない人間にも興味深く読める。

平易な表現の土台に、長年考えぬいてきた彼の芸術観が存在するからだろう。
新たに追加された項目に、「いけばなと政治」がある。いけばなのグループと政治家の親密さをあげながら、いけばな観や政治問題について花道家が彼らに話を聞くことは極めて有益だが利用されてはならず、「あくまでも趣味の団体であらねばならぬ」と記している。また、「いけばなと公害」では改訂当時の公害問題を取り上げ、自然の花や木を素材として造形する特別の芸術家である花道家が、「公害に無関心たりえないのは当然である」とも述べている。次の引用は補筆された「いけばなと平和」。中塚らしい平和論として全文をあげておく。

人類が人類としての幸せを感じあうのは、平和になったときである。平和こそ、声を大にしてさけばねばならぬ。とくに、芸術は平和と共に繁栄するものである。平和のないところには、芸術は影をひそめる。しかし、平和はただ掛声だけではこない。いけばな家は、いけばなによって、花によって、平和を打ち出すべきである。花は何より平和のシンボルである。美しい花は、それじしん平和をあらわしている。われわれは、このことに気づき、このことによって、いけばな学習を通じて、いけばな展覧会のなかで、いけばなの会合において、平和を打ち出すべきである。しかも、これによってのみ、いけばな家は、つよい平和のにない手となる。いけばなにあらざるいけばなをつくって、平和をあらわすものだとのみ思うがごときは、平和をもてあそぶものである。そのようなせまいところにかかわっているものは、しんに平和を推進するものではない。平和はもっと手近なところにある。生の植物を愛好することは、そのまま平和にむすびつくものである。庭に花の種をまいて、水をやり、それを育てるこころはそのまま平和をねがう行為である。

平和は、窓におかれるいけばなにもある。咲く花をうっとりと眺める表情はそのままが平和である。花を育て、樹木をしげらせ、川の水をきれいにし、山や野原の美しい自然を守り育てることはそのままが平和の風景である。

このように、平和を愛し、平和をのぞむがゆえに、わたくしたちは戦争をにくむ。戦争だけは、二度とおこしてはならない。日本はいま戦争をしていないけれど、しかしいま地球上には戦争がある。この地球上の、どの地域に戦争があっても、それは、しんの平和でない。人類が人類として、しんにその幸福を感じあうのは、地球上に戦争がなくなり、戦争する必要もなくなり、平和になったときである。そして、その時こそ、いけばなは今よりもっと愛好されるだろう。

（『現代いけばな芸術事典』八一―八二頁）

一九五八年一二月二八日、中塚は妻を伴って専正池坊華務局がある北九州市小倉区に転居し、七〇年の定年まで居住した。戦前の出版社時代は京都への通勤や泊まり込みなど、滋賀の実家は妻にまかせきりだったが、家を処分してからの後半生は常に行動をともにした。

小倉では流派の華務課長をつとめていた佐藤耕堂に再会した。戦前のいけばな入門の頃京都で一緒に仕事をし、懇意にしていた人である。京都時代の思い出を語り合い旧交をあたためたが、中塚が赴任して五ヵ月余りのちに亡くなった。

九州に住む利点はおのずと機関誌の編集内容にも反映され、いけばな教授者や教場の訪問記が掲載され、読者と直接出会う機会が増えたことによって発行部数も上昇したという。執筆陣には重森三玲をはじめ、天野忠、玉井政雄、北川多紀（北川冬彦の妻）、津名道代などの名がある。天野、玉井、津名の連載は、中塚の退職後も続いた。

津名は奈良女子大学文学部を卒業後、同学部助手および司書として大学図書館に勤めていた。つまり天野忠の同僚である。天野と同じく、「花泉」への寄稿はテーマを変えながら長く続いた。

## 戦後の第一芸文社

戦後の第一芸文社は正規の出版社ではない。いけばな関係の自著の発行元として第一芸文社を使っているが、友人知人の詩集などの発行に際して、出版業の経験がある中塚に相談があったのだろう。編集業務や印刷製本などの本づくりについて助言し、発行元として「第一芸文社」の名義を提供したため、国会図書館のデータに再登場することになった。修さんによると、中塚はこの版元名を生涯大事にしていたそうである。

戦後、第一芸文社の名で刊行された本について、簡単に記しておきたい。

もっとも早いのは、中江俊夫の詩集『魚のなかの時間』（一九五二年一〇月）である。中江は一九三三年、福岡県久留米市生まれ。岡山県立天城高校に在学中、詩人の永瀬清子の講演を聴いて詩作を始めた。『魚のなかの時間』の序文は永瀬清子が寄稿している。

中江は、「京都にきて以来絶えず御好意の御指導をいただいていた、出版や、詩集のことについて何も知らなかつたので大変お世話になつた天野忠氏。コルボウの方々」と記しているので、コルボウ詩話会や天野とのかかわりがあった。中江は七二年の『語彙集』により、第三回高見順賞を受賞している。奥付の発行者は「中塚道祐」、発行所の第一芸文社の住所は「京都市河原町丸太町上ル」となっていた。山村順の『枠』（一九六五年）も、コルボウ詩話会との関連からと思われる。

すでに「花泉」の寄稿者として中塚と交流のあった天野忠は、第一芸文社名義で、詩集『重たい手』（五四年）、『しずかな人しずかな部分』（六三年）、『花の詩集』（同）、『昨日の眺め』（六九年）を上梓した。

『花の詩集』は中塚の蔵書のなかに残っていた。花にちなんだ詩のアンソロジーで、奥付の発行所所在地は北九州市小倉区弁天町である。「あとがき」には、中塚にすすめられてまとめてみたとあり、「花泉」の連載「詩の中の花」がもとになっている。

天野はまた、「花泉」の寄稿者として津名道代を中塚に紹介した。津名の最初の著書『シャロンの野花』（一九六八年）の出版も、彼の仲立ちによるものだろう。同書の「あとがき」を読むと、その頃の中塚の姿が浮かんでくる。

このささやかな文集を編むにあたって、「花泉」編集長の中塚勝博氏には、じつに温かいご配慮をいただいた。小冊子にしろ出版などということに全く不案内な私に、出版元を引き受けて下さったのみか、文字通りかゆいところに手の届くご指導をたまわった。九州と和歌山に離れていても、私には何の不安もなかった。もし地元で出版がなされたとしても、これほどの安心感はなかったろうと思う。氏にはまだお目にかかった事すらないのである。どう感謝申しあげればよいか。

玉井政雄（一九一〇―八四）も、天野、津名とともに、長期間「花泉」に寄稿を続けた。彼が同誌に登場するのは一九六一（昭和三六）年七月号の「映画ノート」からだと思われる。第一芸文社を発行所とする玉井の『日本文学　近代小説の流れ』（一九六四年刊）を入手した。

玉井の略歴は、「1910年、福岡県若松市に生まる。五高を経て、東大法学部政治学科卒業、若松港沖仲仕組合書記、新聞記者生活中応召、帰還後陸軍報道班員として渡支、終戦後帰国。若松市公安委員など勤む。現在、東筑紫短期大学教授、西南女学院短期大学講師など」となっていた。玉井の兄は作家の火野葦平（一九〇七―六〇）。父の金五郎は、筑豊炭田の積出し港としてにぎわった若松港で、港湾荷役をまとめる玉井組を率いた。玉井は近代文学論のほかに、小説や評伝等の多くの著作があり、「九州文学」にも小説や随筆を寄稿している。

本書は近代文学の通史だけでなく、年表や文学運動の解説、文学者の年譜、さらに外国文学の年表も付いている。火野葦平については、「祖国の道を祖国とともに兵隊の精神をもって歩く」を信念として、「戦争協力的な多くの作品を書いた」と述べている。「花泉」に連載されたものは「作品ノート」と題して、森鷗外や島崎藤村、芥川龍之介、志賀直哉、小林多喜二など二〇編が収録されていた（一九六七年版では三三篇）。

戦後の第一芸文社が発行元となっている本は、以下のとおりである。

中江俊夫　『魚のなかの時間』一九五二年一〇月
中塚道祐　『いけばな芸術論』一九五三年一〇月
天野　忠　『重たい手』一九五四年六月
中塚道祐　『いけばな芸術構成論』同年一〇月
中塚勝博　『いけばな随筆集　真紅のばら』一九五九年一二月（以後発行人は「勝博」）
天野　忠　『しずかな人しずかな部分』一九六三年一二月
天野　忠編　『花の詩集』一九六三年一二月
玉井政雄　『日本文学　近代小説の流れ』一九六四年二月（六七年に増補版）
山村　順　『枠』一九六五年一二月

津名道代　『シャロンの野花』一九六八年四月
天野　忠　『昨日の眺め』一九六九年一〇月
玉井政雄　『日本近代小説の流れ』一九七一年四月（七三年に増補版）

## ある詩人の行方

第五章でとりあげた九州の詩人・西山明。中塚にとって自己を裏切る戦時出版であったこととあわせて、この寡黙な詩人との出会いは忘れ難い記憶となったようだ。九州在住時代の一九六九年、「花泉」一〇月号で「いま私は九州にいるので、ひょっとして近くにいられるのでないかと思ったりすることがある。西山明という人である。若しご存知の方があればお知らせねがいたい」と呼びかけている。

中塚が九州へ移ったのは一九五八年。国会図書館の書誌データを調べていて、西山が五一年一二月に詩集『散文詩』を発行していることがわかった。ちょうど中塚が、「花泉」の編集者として再出発した時期だった。

『散文詩』は福岡県内の図書館でも見つからず、またもや奇跡のように、遠く離れた地の古書店から入手できた。扉に「自家版」と書かれたガリ版刷りの詩集は、小B6判の大きさで九七頁。「堀口大学先生に捧ぐ──一九五一年・秋──」という献辞があった。

巻末の略歴によると、一九一一（明治四四）年、福岡県直方市生まれ。門司中学校を卒業後、一八歳で上京し、堀口大学に師事。早稲田大学専門部とアテネ・フランセに籍を置いて詩文学を学んだ。一九三一（昭和六）年、日大予科（文）に入学するが二年後に退学。同年、横光利一に師事し、一九三四（昭和九）年、「改造」の選外佳作となる。一九三七（昭和一二）年秋、帰郷。以後郷里に居住。四三（昭和一八）年、京都第一芸文社より詩集『忠霊』刊行。

そして、中塚が気にかけていた西山のその後が短く記されていた。帰郷後は「工場事務員、工場経営、旧制中学校教師、寮経営等の生活人と成りしも全て失敗した。現在は、専ら文学に精進のみ。元日本文学報国会詩部々員及び九州文学、詩と詩人の同人であつたが、現在は所属団体は全く無い」。

『散文詩』は『忠霊』の厳しく高揚した作品群とは大きく異なり、鬱々とした詩が続く。とくに巻頭におかれた「自序」は、おそらく中塚がもっとも知りたかった詩人の本心をうかがえるものである。この文章を読んで再確認したのは、第一芸文社刊『忠霊』が、西山にとっても痛みをともなう出版だったということである。

人生の出発に於いて僕は当初から異常な道程に立たされてゐた。その影響ではないにしても、文学的な出発とも云ふべき第一詩集をも後味の悪いものとして残して仕舞つた。昭和拾八年六月の出版である。戦争のさなか、酒酔ひの上気嫌と、東洋的な神秘感で上下が揺れてゐた時、この詩集は昭和拾六年から新聞雑誌に発表したものを一括したのである。やがて不明と、失敗と、困難が花火の様に瞬時の時の経過で、打ちのめされた様に、被ひかぶさつて来た。出発を、旅立ちを延すべきであつたと後悔したが手遅れだつた。嵐のさなかに前途も視さだめず出発したのと同じな結果である。

（『散文詩』六頁）

「自序」には師事した横光利一（一八九八―一九四七）との最後の出会いが記されている。西山が横光を訪ねたのは、一九四七年の晩秋と思われる。その時横光は、「君は田舎が長すぎた」と言い、「出て来て一苦労したらどうだ」と続けたという。この言葉は西山の胸を刺し、深い絶望に追いやったようだ。すでに家庭の問題にとらわれ、身動きならないわが身にとって、いまさら「一苦労」などとは不可能な話だった。戦後は戦争協力を厳しく批判された横光だが、西山との面会からほどなく、四七年暮れに亡くなった。

『散文詩』には『忠霊』のような詩はない。しかし文学的支柱とした文学報国会の思想については、戦後に一掃されたわけではなく、長い葛藤の時期があったようだ。たとえば敗戦の翌年に書かれた作品には、唯一の肉親であった弟が北へ旅立つ前に訪ねて来たとき、「兄さん、あなたのその『思想』に私は賛成出来ません。私と兄さんのつながりはこれで立派に切りませう……」と言って去っていったというくだりがある。そして次のように続く。

「私は未だにその『思想』の渦と巷のなかで蠢いてゐる。高い塔に登りきれず、その塔の下で転び止り倒れ、亦立上つて、泪を流し、泣いたり、微笑んだり、感激したり、愚かにも、愚かにも……放浪《さまよ》つている」

戦前の呪縛から解放されるまでの、葛藤と逡巡の言葉を刻んだかのように暗い詩集である。

その後図書館のレファレンスサービスで、西山の故郷の直方市立図書館から届いた情報を受け取った。舌間信夫『直方文芸史』（自分史図書館・二〇〇五）にあった西山の部分のコピーである。それによれば、可児剛《かにたけし》という作家を中心にして創刊された「筑豊文学」に協力し、詩の選者をつとめている。『散文詩』の冒頭と二番目の作品は、同誌に掲載されたものだった。次は二番目の「旅にて」の終わりの部分。

断崖を走る車窓の下は荒れる日の海の白波だつた。――「思ひ出」が遠くから私の心に浮んでくる。青い海の飛沫の白。その白い波の遠くで帰郷者の急ぎの心を乗せた復員船の姿が映る……。も早、私は窓外《そと》を視るのが恐はくなつてきた。疑惑《まどひ》や、落魄《くるしみ》の多い顔と顔のなかで、私は静かに瞼をとざした……。

―一九四七― 筑豊文学

コピーにはさがしていた情報が簡潔に記されていた。「昭和三十六年、その生涯を閉じた」中塚が「花泉」誌上で西山の消息を尋ねたとき、彼はすでに亡くなっていた。

第七章

# 帰郷 ──ただひとすじに生きて 1972-86

一九七一年春、中塚は退職して滋賀にもどった。故郷の生家は処分してすでになく、落ち着いた先は修さんの住む和邇である。中塚は六九歳、妻ソエは六三歳。いけばなからも出版からも名実ともに退き、悠々自適の生活が始まるはずだった。修さんが「呼び寄せた」と言われていたので、中塚が自ら思い定めた帰郷ではなかったらしい。和邇は昔から親しい土地ではあっても、真の帰郷という感覚にはなれなかったのだろう。

二人は周囲になじむことができず、しばしば北九州市の二男宅に逗留するようになった。敗戦前後の大きな挫折をくぐり抜けて、ようやくたどり着いた北九州での平穏な日々。そこでは出版業と、いけばな批評家の経験をいかすことができた。修さんの弟二人も北九州市に住み、二男の伸さんが機関誌編集長を継いだこともあって、故郷に準ずる親しい土地となっていたようだ。春から夏への九州滞在を何度か続けたのち、ついには宇治市に移り住むなどした。その間、「勝博」名義の三冊の歌集を私家版で出している。

生涯に刊行した歌集は四冊。帰郷後に出した『老人の歌』、『生活の中の歌』（以上二冊は滋賀県立図書館蔵）、『手づくり歌集 宇治川がある町』（中塚蔵）の三冊を読んだが、一九四九年発行の手づくり歌集『嵐』は中塚の蔵書にもなかった。

**現代口語歌集『老人の歌』**（一九七四年七月）

「現代口語歌集」と銘打っているのは、歌は現代口語で書くべきという著者の考えによる。内容は七〇年代の高度経済成長と琵琶湖汚染、七〇代の老境を強く意識した歌が多い。七三年末から翌年三月にかけて詠んだ二四三首が、現在から過去へさかのぼる時系列で編集されている。あとがきには次のように記されていた。

若い頃から、ほうぼうに住んで、わたしの一生は放浪者のような生活でした。こちらに移ったのが、昭和四十六年の春でした。（…）これを機会に、わたしはもっと自分をたいせつにしてゆきたいと考えております。歌をつくることによって自分をきたえるようにしたいと思っています。鍛えるためのいちばん近みちが、うたを作ることだと信じています。もう、遅すぎるかも知れませんが。

いつわりない心を吐露する媒体としての歌への回帰は、戦後五年目の歌集『嵐』で本格化したのかもしれない。戦前の第一芸文社時代に歌をつくっていたかどうかについては、どの資料にも記載がなかった。

前章でも一部とり上げたが、これまであまり動向がはっきりしなかった失意の時代の、とくに古書店については歌集ではじめて具体的な様子を知った。作品は「商売のうた」と「生活のうた」と題され、二五首がこの時期に該当する。敗戦後の窮乏は、程度の差はあれ多くの人が経験した。しかし中塚の場合は「平和荘」の失敗が大きかった。いずれも飾り気のない赤裸々な口語歌を、古い順にいくつかあげてみよう（原文は三行書き。第六章に掲載したものは除く）。

- 売りにくる　本を三度もことわった　金を持たない日が続くので
- こんな本はないかといわれ　いっぱしは　さがすふりしてことわりをいう
- 母と子と父が集まり　売り物のことで争う　朝の食卓

北九州時代を歌った作品は、「生きる」、「放浪」と題されている。屋敷を処分してから小倉に転居する前には、一時期天理市に住んでいたので、そのころのことも入っているようにも読めるがはっきりしない。

時代順に「放浪」から読むと、最初に「ふるさとを遠く離れて　ふるさとの　ことを忘れて生きる日が来る」という歌がおかれている。貧しい人たちの住む陽光の届かない路地裏の家で、草花を育てる一坪の庭を渇望し、簡易保険を止めて急場をしのぐ。小倉の女性に月賦で買うことを教えてもらったが、こんどは支払いがかさんで借金の利息に追われる歌があり、小倉の有名な商店街である銀天街を歩き回り、何も買わずに疲れて帰るという歌もある。仕事を得て移り住んでも、一足飛びに生活が安定したわけではなかったようだ。

●病む妻の肌着を洗う　水の音　夜更けの洗場に　しゃぶしゃぶとする
●みんな　みんな　苦しんでいる　自分だけが　苦しいんじゃないと　歌のようにいう
●ブラジルに移民《うつる》ことなど考えて　思案に倦《あぐ》む　夜がふけてゆく

「ブラジル移民」も考えたというのは唐突に聞こえるが、当時は戦後開拓の国策としてブラジル移民が推奨されていた。農業政策の末端を担っていた父の仕事を通して私が見聞きしたことが、中塚の歌に結びつくとは予想外だった。

小倉時代の思い出を詠んだ作品は、「生きる」と題されてさらに続く。ここでは過去の考えは変えて生きようと決意し、ときには弱気になる自分やあれこれ気をつかう愚かな自分をきっぱり清算しようと歌い、「苦しかろと　堪えよと言った　その人の　別れの言葉に強く打たれる」という歌もある。彼をはげましたのはだれだったのだろう。

- その人のその考えのよしあしは　いつか事実で　わかってくるだろ
- たとえ　それが　孤独であろうと　苦しみを　まねこと　選んだ道ひとすじに
- いっさい捨て去り　何のかかわりもなく　再出発する日は　さっぱりしよう

あとは、歌集発行時のふるさと滋賀が、一五年の不在の間に高度経済成長の波にのまれ、農村の都市化と自然破壊、琵琶湖の水質汚染が進んだ現実と、老境にある人間をとりまく過酷な状況に対する怒りが率直に歌われている。

- 葦《よし》のある　湖辺の風景まだあるが　まばらに生えて水濁っている
- 老人に金かけるのは　馬鹿らしと思っているのか　政府のお偉方《えらがた》
- 僅かばかり　貯金があっても　何になろ　物価上昇がうらめしくなる

●君が代を歌わされてる老人は　折弁当で　酒盛りをする

あとがきの最後に、当初は謄写版・手刷りにしようかと迷っていたところ、詩人の天野忠の助言によって刊行の運びとなり、造本については山前実治《やまさきさねはる》（一九〇八－七八）の世話になったと記されていた。

中塚の蔵書中に「骨」という同人誌が六冊残されていたので、内容は知らないままに、一番古い一五号（一九五九年発行）を修さんから借りてあった。奥付には、連絡先として「双林プリント内　山前実治宛」とあり、『老人の歌』もやはりここで印刷されていた。

山前は、印刷業と合わせて「文童社」の名で詩集の出版を手がけた人である。岐阜県出身の詩人で、戦前は天野たちと詩誌「リアル」を出した。この印刷会社で働き、「近江詩人会」等に属して天野とも交流があった滋賀の詩人・大野新《しん》（一九二八－二〇一〇）は、H氏賞を受賞している。

歌集付録

『老人の歌』は限定二〇〇部の自費出版である。うち一〇〇部を友人知人等に贈呈したところ、感想や批評が返ってきたので、中塚はそのうちの四七人の感想等をまとめた冊子を作り、残りの歌集に付けて図書館などに寄贈したようである。滋賀県立図書館蔵の歌集にはこの付録がついていた。

第一芸文社を知らない人には、なぜここにこの人の名があるのか、またこの人たちはだれなのか、あるいはこの人がなぜ中塚に親しく感想を寄せているのかはわからないだろう。重森三玲、熊王徳平、北川冬彦、荒木精之、飯田心美、下川苔地、倉田文人、津名道代、今村太平、杉山平一、上野耕三、玉井政雄は、第一芸文社関連の人たちである。高峰秀子、東山千栄子、岸輝子などは、戦前の映画書時代からのかかわりかも知れない。前進座の名があるのは創始者の河原崎長十郎が、映画文化叢書に寄稿していた縁からだろう。

これらの人々の礼状や感想を読むと、旧知の間柄でも彼の戦後の歩みを知らない人たちが多いことがわかった。かつての「中塚道祐」と「中塚勝博」が、同一人物なのか戸惑う言葉もあった。また中塚が口語短歌をつくっていたことをはじめて知ったという人もいる。もとは私信なので、中塚もその旨を書き添え許しを請うているが、これらが読者のさらなる理解に役立つと思って印刷物にしたと断っている。第一芸文社に関する思いがけない資料だった。

かつての師である重森三玲の手紙には、中塚の人柄をよく知る人らしい言葉が随所にあった。一部をあげてみる。重森は翌年の春、七八歳で亡くなっている。

いかにもあなたらしい「人生をまっ直ぐに歩まれて来た感想」がそのままよくにじみ出ていました。（…）あなたは随分種々な面で苦労されていますが、それでいてやっぱり楽天的で、その苦労を苦労とされていないところが、あなたの個性であり、それがあなたの貴いところだと思います。しかしそれだけにその苦労が浮き上っているようにも感じました。正直に言って貧乏を貧乏としてそれに勝ちぬこうという底力に欠けたものがあって、詩の中に魂をえぐるものが不足しているのではないかと感じました。しかしそれがまたあなたの良い所だからそこがむずかしいところですが、ともかく興味深く拝見致しました。

北川冬彦は、そのころテレビで観たアンディ・ウォーホルの「何も考えていない、放心したような、そのくせ現実を凝視している顔付があなたそっくりなのでハッとしました」と書き、続けて『老人の歌』の、少しずつしか違わない歌を重ねていく作風もまたウォーホルに似ていると書いている。寡黙でありながら、自ら考え抜いたことには多弁（よく長時間の議論をしたようである）。控えめで社交的ではない。けれど「この人」と思う人物とは積極的に交流し、誠実に彼らの役に立とうとする。重森三玲や北川冬彦との出会いも、中塚にとっては自然な行動だったのだろう。

歌集の最後は次の二首である。自らをはげます歌ではあるが、晩年にいたる彼の来し方を知っているいまは、どこか寂寥感が漂う。

●あたらしい未来の社会の来ることを　信じて生きよう　神仏はなくとも
●あきらめて生きてはならぬ　老人は　老後を飾ろう　夕日のように

他の返信もすべて興味深い。専門的な批評を書き送っている人もいる。重森や北川以外で、最も長文、懇切丁寧な返信を送っているのが杉山平一だった。思いがけない便りと本を受け取っておどろき、九州にいると風の便りに聞いたことがあったと書き起こし、『夜学生』出版で世話になったことは忘れがたいと記している。
また「貴兄の出された伊丹万作の本や北川さんの本などいずれも（今村さんのも勿論）何らかの文化史上の本として、何かと、何かの文献に『第一芸文社』の名が出てくることです」と書き、作品に対する丁寧な批評をしたためたあと、終わり近くで再び『夜学生』にふれている。「あれやこれや『夜学生』を出した昭和十七・八年を想い出します。もうサイパンもおちるという年なのに、よい本を出して下さいました。深く感謝しています。いまの人は、苛烈な戦時下にのんきな詩集が出ることなど想像もできないようです」

前述したように、九州への転居を知らなかった人が多かったのは、中塚らしいという気がする。当時は、失意の状況から立ち上がるためにいっさい捨て去り、再出発しようと誓っての九州行きだったからだ。
『いろは歌留多』の著者、熊王徳平の返信には、「若き日私、石山に長くいました。処女作集『いろは歌留多』を出版してくれた第一芸文社の中塚道祐さん。万一や貴方では」とあり、「中塚勝博」名義であったために戸惑ったひとりである。彼の『無名作家の手記』には、滋賀の石山で床屋をしていた母の末弟を訪ねる話が出てくる。

映画監督の上野耕三とは、折にふれて便りのやり取りがあったらしい。

「今の世相とあなたのお人柄とが、切り結ぶというか、そういう切点のようなものが感じられて、一夜あなたと歓談したかの如き感をえました」と記している。六年後の一九八〇年には、中塚宛に上野の『回想録』が贈呈されている。今村太平の手紙は別項で紹介する。

『老人の歌』をとり上げた中日新聞の記事（コピー）を、修さんからいただいた。発行日は一九七四年八月一二日。写真入りの大きな記事で、見出しは「『老人の歌』を自費出版　志賀町の中塚勝博さん」「口語体で万人の理解を／郷里の自然破壊悲しむ」。記事では、出版業についてほとんどふれられていなかった。

## 現代語歌集『生活の中の歌』（一九七八年一月）

『老人の歌』から四年後、七六歳の中塚は再び現代口語歌集を自費出版した。印刷は前著と同じ京都の双林プリントである。収録短歌は四四首で限定一五〇部発行。表紙タイトルは「現代語歌集」だが、付録の感想集では「現代口語歌集」となっている。

七五年から七七年にかけて作った約三〇〇首から選び、ノートに書き付けたまま手を加えることはしていないので下書きのようなものだが、「歌は一気に吐き出すように書いた方がよいという考えを若い頃から持っていて、この考えは今も変わっていません」と「あとがき」に記している。

●何かを　誰れかに向けて叫びたくなるこの　気持ちを　わかってくれよう
●「中道」なんて　かっこいいことをいっている　お前たち　本当は保守なんだろう
●何と　これは無数の蟻の集団！　俊子の書いた「蟻の行列」の綴方　そっくりだ
●セーラー服の　十四五歳の女の子が　道端に屈《かが》んで　トマトを売ってる
●メーデーの　議長壇の柵の外に　娘が一人　じっと立ってる
●午後六時　どこも灯がついていない　四階建の　アパートの窓に
●寂れてる小さな貧しい雑貨屋に　わざわざ　わたしは　ノート買いに行く
●九州の訛《なまり》で話す　女《ひと》に会う　郵便局で　手紙かくとき

この歌集にも、贈呈先より届いた返信が付録として付けられていた。杉山平一、下川苔地、津名道代、今村太平の名がある。杉山は少し抒情的な作品が好きだとして、トマトを売るセーラー服の少女や「午後六時アパートの――」やメーデーの歌、寂れた雑貨屋の歌をあげている。下川は尾崎放哉を引きながら、「なんにも雑物の無い美しさ」と評し、津名は「迫力の点で格段の相違があります。一首々々、もはや腰がきまっている」と記している。前作に続き、県内の短歌関係者の名もあった。

とりわけ興味深く読んだ返信は詩人の大江満雄（一九〇六－九一）である。前回も短い返信が掲載されているが、この歌集に対しては「どの詩にもリアリティがあり、〝しょうとつ〟する詩がなく」「平凡な偉大性ということを私はとくに考えてきましたのでけんきょに、しかも批判の矢をしっかりもち必要な明瞭性（ロゴス性）をもっているこの詩集をたたえたく」と記している。長くハンセン病療養所の詩人たちと交流を続けた人らしい、はげましの気持ちをしたためたものだった。

中塚はこれらに対して、「うたいたい事は私の中にも、身の回りにもまだまだ、たくさんありますので、これを参考に今後も命ある限りうたい続けたいと思います。有難うございました。本当にありがとうございました。お送りくださいました諸先生に厚くあつく御礼申し上げます」と結んでいる。

## 今村太平の書簡より

以下は、二冊の歌集に対する今村太平の書簡。

◆『老人の歌』

口語和歌集「老人の歌」を有難う。

中塚悌治が道祐に変り、今は勝博となったと思うのですが、京都第一芸文社時代から早くも三十余年。一時、九州小倉の方に移ったと聞きましたが、今は郷里に戻り晩年は歌など詠んで落着いていることを知り安心しました。

小生は、その後「映画文化」を「映像文化」と改題し、十年間発刊、昨年胃潰瘍で入院手術し、第52号を以て休刊しています。山荘を建てているので、当五日市町にベース・キャンプと仕事場を兼ねて仮寓、まだ竣工していませんが医者の許しも出たので再開しています。あなたも胃は弱かったようですが、その後どうですか。小生、ボツボツまた書き始めています。岩波の「文学」とか「思想」に。

筆者注……当時の今村は六四歳。前年『志賀直哉論』（筑摩書房）を出版し、入院手術（杉山平一『今村太平　孤高独創の映像評論家』巻末の年譜より）。杉山は山荘の建築について、友人の建築家・日名子元雄の助言があっただろうとしている（同前二五二頁）。

◆『生活の中の歌』

歌集、わざわざ有難う存じます。すぐ一気に読み、感銘しました。それは貴君の昔の知己としての興味だけでなく、公害下の資本主義末世に生きる者として、七十五歳になる一人の老いたる人間が、烈しい怒りと共に汚濁の中にその生涯の終りを歌っているその心のドキュメントであることに、生々とした実感を覚えさせられたからです。小生より九年の年長ながら、今尚軒昂たるその意気、そして怒気に鞭達させられることしきり。（中略）その後、長らく旅もせず、関西も、まだ公害以前の良き日しか知りませんが、君の詩を読み、今はドブと化した惨たる琵琶湖を思い浮べ、山奥の沢や尾根を好んで歩き、そこに野宿し、ついに山荘まで建てた山男も怒りを覚えます。（中略）

それにしても、終戦直後、あの真野村の貴宅でマス鮨を毎日馳走になり、万葉の「真野の辺りの秋の夕暮」を見た自分としては、今の荒廃ぶりが思いやられます。貴君の詩歌の怒りも当然です。それは共に非常に実感を覚えさせられ、感じ入りました。

ともかく、詩集の自費出版を祝します。それだけの元気があれば、まだまだと思い、安堵もしました。

今後とも体を大切にして下さい。

とりあえずお礼まで。

「追伸」終戦後、貴宅に流連して毎日マスズシを賞味したこと、夜は村の青年たちとの座談会があり、お互いに若く、希望に燃えていたあの頃を思い出します。年など考えぬ、ひょうひょうたる今の生活をうらやましく思います。


筆者注……村の青年たちとの座談会は、「平和荘」を立ち上げたときのことと思われる。「マスズシ」は「フナズシ」ではないかと思うが、修さんにお尋ねする機会を逸した。

九州へ移ってからは、今村との交流も途絶えていたようだ。今村の活躍を遠く見ながら何を考えていたのだろう。老境にいたって刊行した二冊の歌集は、中塚の消息を知らなかった人たちをおどろかせたようだが、第一芸文社にかかわりのあった人たちにとって、思いがけなく懐かしい便りとなった。

## 京都新聞インタビュー（一九七九年一二月）

『生活の中の歌』を出版した翌年の一二月、中塚は京都新聞社学芸部のN記者から葉書を受け取った。修さんからお借りした資料の一つ、中塚の手づくりの小さなメモ帳にそれが綴じられていた。内容は、先日、北川冬彦に会う機会があり、第一芸文社のことを聞いた。天野忠からも話を聞いている。一度、当時の出版のことなどをお訊きしたいというものである。

メモには、約束の日時と場所が記されていた。記事は一二月二〇日付「京都新聞」（夕刊）の「さろん」欄に掲載された。以前の中日新聞の記事は歌集出版が主な内容だったが、京都新聞の記事は出版にスポットをあてたものである。

端正な背広姿の中塚の写真の上に、「映画史に残る出版 一人でやった――戦前の『第一芸文社』の中塚さん」という見出し。そして、当時中塚の手元に残っていた六冊の本の写真が掲載されている。コピーなので写真は不鮮明だが、倉田文人『シナリオ論』と今村太平『満洲印象記』、映画文化叢書のようである。このうち『シナリオ論』だけが最後まで中塚の手元に残っていた。

リード文には「(…) 昭和九年から、映画書を中心に七十点余を出版、十九年に第二次企業整備で姿を消したが、大津と京都市内のアパートを居に、たった一人の出版業で『少しは映画史に残るものをやったというのが気休め…』という中塚勝博さん。いま、出身地の湖国で奥さんとひっそり暮らしている」とあった。

記事は何ヵ所か事実と異なるところもあるが、取材に備えて中塚が作ったメモ帳を読むと、これは彼自身の記憶違いだったらしい。記事には親の遺産で出版社を起こし、一人で走り回りながら出版を行った苦労話や、北川や今村の名もある。戦前の第一芸文社のベストセラー、北川鉄夫の『映画用語辞典』から、「事前検閲」「独立プロ」「鳴瀧組」などが引用紹介されている。そして「『ずいぶん、いろんな思い出もあり、悪い思い出もありました。戦争中、だれがどんなことをしたかもずいぶんみました』/が、そのことは『余談です』といって、口を閉ざした」と結ばれていた。

第一芸文社についてとり上げたその記事は、戦後三四年にしてはじめて、戦前の京都でたった一人、「映画史に残る出版」を行った中塚の業績を正しく評価したものだった。インタビューしたN記者に、晩年の中塚の印象などをお尋ねしたいと思っていたのだが、二〇一九年に亡くなられたとのことで果たせなかった。

## 『手づくり歌集　宇治川がある町』（一九八〇年一一月）

一九八〇年一一月、七八歳の中塚は『手づくり歌集　宇治川がある町』をつくった。文字通りの手づくりで、原稿用紙二〇枚を袋とじにしてある。表紙は薄茶色の厚手の紙を使い、周囲を赤い線で囲んで、中央にタイトル、下部にカタカナで「ナカツカカツヒロ」という著者名と、横書きで発行年が書かれている。すべて肉筆である。

つくりは簡素だが、原稿用紙は完璧に折り目がそろい、三カ所を紐で綴じて表紙を糊付けしてある。まさに「本をつくる」原点そのものだった。「あとがき」にその頃の消息が書かれていた。

九年余り滋賀に居て、宇治に移りましたのは、ことしの三月四日です。ここに集めましたうたはすべて宇治へ来てから作りました。ただ「序の歌」四首だけは三十年程前のもので、その頃私は手作りの歌集をつくりました。この四首もその中に入れてあります。

日記の余白やメモ帖に書いてある二百首余りの中からこれだけの物を選び、ボールペンで、へたな字で同じ物を書いて、綴じて表紙を付け、このような体裁の物にすることは僅か十部ではあるが、老年の私にとって大へんな労力でした。でも、書いたり綴じたりしている間はそれほど苦になりませんでした。不思議と体の調子もよろしいのです。

宇治は私たちの仮住居で、小さいイエを借りて妻と二人で助け合いながら生活しています。選挙とか年金の受取りは滋賀の家に帰えるという不便な生活ですけれど、老人にとって住む家があるだけでもありがたい事です。

いつまでここにいられるか予測がつきませんが、当分ここで暮らすつもりです。


故郷の真野の屋敷を処分して以来、自ら願ってのことなのか余儀ない選択だったのか、過去をふり返って放浪者のようだったと述懐した中塚は、九州から滋賀へもどっても、再びこの地に安住することはできなかった。その理由は定かではないが、残された歌のはしばしから、高度経済成長によって変貌する故郷への失望が垣間見える。

手書き・手づくりで発行した一〇冊の『宇治川がある町』は、杉山平一と今村太平に贈られたことは確かだが、それ以外の贈呈先は不明である。私がお借りしたものは誤字の修正があるので、手元に残した一冊と思われる。収録されている歌は一〇九首。中塚の最後の歌集から抜粋してみる。

序の歌（全）

●さしも広い　この会場も　立錐の余地ないまでに　埋まっている
●夕闇が静かに降りる　会場に　時どき起こる　嵐の拍手
●これだけの群衆《ひと》　がいるのに咳一つ　しない静けさ　じっとききいる
●一言一句聴きもらさじ　と手を握り　耳かたむけて　前のめりする

故郷の歌（抜粋）

●道ばたに何かひそひそ話してる　そばを通ると急に　だまってしまう
●自動車《くるま》から降りた男に老人はしきりに首をタテに振ってる
●九年あまり経ちますね　と妻は言うがダンボール箱に　本つめながら私も同じ思いで
●小雨降る庭に下りて妻はアジサイのさし芽している　明日転居《あすひっこし》というのに
●妻と二人ホームに立って眺めてる　ただ　何となく　我家《いえ》のあたりを

宇治川がある町（抜粋）

●丘の上の宣治の墓石の裏側の垣のカナメを除けて　その文字を読む
●ぬけ道や近道もようやくわかってきた　平等院界隈を歩く楽しさ
●カバン持って少女がひとり歩いてる　死んだ長女と　同じ年頃の娘が

スーパーの歌（抜粋）

●買物を二つに分けてよと言うと　わかってますわ　と　レジの娘《こ》が答《い》う
●品物のよしあしもこの頃はわからない　魚も野菜も　パックに入って
●うすいわねと誰れにいうとなく一枚の揚豆腐を　妻は手に取っている
●いつもいつも二人でうらやましいわ　顔みるたびに　レジの娘《こ》が言う

テレビドラマの歌（抜粋）

●長いながい少女らの列は　白一色の中を　ふみしめ踏みしめ歩いて行く　野麦峠をこえて
●戦争は二度といやだ　と云っている　「ガラスのうさぎ」の　高部知子の眼が

●幸福の黄色いハンカチが　三十枚も　五十枚も　風に　はためく　ラストのシーン
●山また山の一本道の　遠くに人が歩いて来る　やがて　大写しになる　黄門の一行

墓参の日（全）

●まんじゅしゃげ今年も咲けり墓に行く道の片方に　群れなして咲く
●墓まいり余まった花の一輪を挿し加えよう俊子の墓に
●思い出はいまも生き生きとよみがえる　父母姉長女伯母の墓前に跪く時
●遠い日の少女時代の面影に俊子は眠るか　この石の下に
●年にいちどの墓参をする日の哀れさよ旧知の人も少なくなって
●坂道を露にぬれつつ登りゆく昔ながらの芝草踏んで
●石を積んだだけで墓石も立ててないがトシコよ　お前はわかってくれよう　父母《わたし》たちのことを

折々の歌（抜粋）

●本好きで小林多喜二も読んでいた俊子は二十一歳で逝く

・一葉の「たけくらべ」を本伏せて暗誦せし姉なりき　父母の嘆きやいかばかりならん
・生涯にいちどだけ父に叱られたかなしいかなしい思い出がある
・「古越前」の壺の絵をくれし下川よ　この額ぶちの絵も　十年になる

無題（抜粋）

・何もかも納得のいかないことばかりだ　これで一件落着のつもりだろうが
・何もかも独占《ひとりじめ》する怪物《やつ》がいて操っている思いのままに
・人はいつか試練に立たされる時がある　たいせつなのはそのときであろう
・たとえ　損な一生であろうと　ただ一筋に　来た満足もある
・腹の立つことがあっても　がまんしよう　いつか　芽を出し　花も咲くだろう
・勝たせたいと思うほうが負けたりして　茶を　沸かして飯を食う　午前一時というに

**「よかったねえ」**

手書きの『宇治川がある町』を何度も読み返した。原稿用紙にしたためられた少しくせのある文字から、紆余曲折はあってもひとすじに生きた人の誠実な気概が伝わってくる。中塚は生涯、社会的な視点を失わなかった。当時の日本社会を、中塚と同じ思いで見つめていたのが今村太平である。

派手ぎらいの中塚は、戦後、古書店をひらいたりしたが、のち九州に逼塞していた。近年近江に帰り、今村と文通はしていたが、昭和六十二（一九八七）年、今村のあとを追うように、ひっそり世を去った。今村を世に出した功績者でもあった。

晩年、手づくりの手書きの歌集「宇治川がある町」を私や今村に送ってくれた。自由律である。

「たとえ　損な一生であろうと　ただ一筋に来た　満足もある」

「巧妙にみせ掛けをやろうとしたって仕組んだ芝居はいつかバレよう」

今村を見舞ったとき、この歌集にふれると今村は「よかったねえ」と眼を輝かせた。今村にぴったりの心境、感懐でもあったのだ。

（杉山平一『今村太平』七一—七二頁）

「よかったねえ」——。杉山によって書きとめられたこの言葉は、活字として残された唯一の

「評」である。なお中塚の没年は「六十一年」が正しい。今村はこの年の二月に亡くなり、中塚は一〇月に亡くなっている。病床にあった今村が眼を輝かせて言ったひとことは、中塚へのなにものにも勝る讃辞だった。中塚の最後の著作は、自伝の『思い出の記』であるが、そのなかに次のような文章があった（一六二頁）。

（…）私の青春時代に花をやったことで両親を喜ばせたことは確かだが、私の人生の殆どを花で埋めたことは、いま考えると悔いなしとはいえない。私に向いた何かが、それが何であるかは分からないが、何かをやっておれば私の人生はもっと違ったものに方向づけられたかもしれない。勿論、出版業でもない。分からないが、何かがあった筈である。

考えてみると、何もかも終わった、といってよい。

いま私は、わずかに赤みの射す夕日のなかに身をおいている。

さよなら、というのもそう遠くない。

でも夕日は夕日なりに美しさがあるので、輝く夕日を大切に、一度しかないこの老後を飾りたいと思う。

（一九八二年六月）

一九八六年一〇月二三日、中塚道祐は和邇で八四歳の生涯を閉じた。妻のソエは二〇〇三年、九五歳の長寿をまっとうした。

## あとがき

滋賀を発祥の地とする第一芸文社とはどういう出版社なのか、どういう本を出版したのだろう、という単純な疑問が出発点だった。社主の中塚道祐が出版社をおこした経緯や、映画書が多い理由、著者とのかかわりなどを調べる過程は、未知の世界を手探りで歩くような心もとないものだったが、新たな疑問や関心のおもむくままに旅を続け、結果的に彼の生涯を記録することになった。もともと映画史にうとい人間が、この出版社について書くことにはためらいもあった。しかし第一芸文社から刊行された書籍は、戦前の歴史を伝える貴重な史料でもあることから、少しずつ調べてみることにしたのである。

中塚道祐の人生と、戦争拡大から敗戦にいたる一〇年の出版業は、私の視野にはなかった新たな学びをもたらしてくれた。戦後の復刊や復刻版、個人全集などがある人は別にして、古書でしか出会えない筆者も多く、県内外の図書館の蔵書、全国各地の古書店から入手した本について、理解できる範囲で適宜引用紹介した。

中塚修さんには、正確な評伝というより、「第一芸文社を訪ねる旅」の記録としてまとめることで了解していただいた。滋賀の人・中塚道祐とともに、まったく想像したこともなかった新しい道を旅することになったからだ。

二〇一八年二月、病をおして懇切丁寧な協力をしてくださった修さんが亡くなった。一五年の夏にお目にかかって以来、資料提供だけでなく、書き進めている原稿を章を追ってお送りし、特にご家族にかかわる部分について電話でアドバイスをいただいた。

最初は数枚のレポートしか書けないと思っていた課題が、戦前戦後をつなぐ長編となったのは、中塚の遺した資料を快く貸してくださり、花道機関誌の記事から出版に関係するものを抜粋・コピーし、さらに中塚の年譜や遺された蔵書のリスト作成などに協力してくださった修さんのおかげである。

今でも、電話越しの折り目正しく謙虚な言葉と声が耳に残っている。最後のほうの電話で、「道祐は、結局、自分も書きたかったのでしょう」と静かに言われた。よき伴走者であった修さんの感想をいただけなかったのは返す返す残念で、申しわけないことであった。深い感謝の念とともに心からご冥福を祈る。

「はじめに」で書いたとおり、第一芸文社との出あいはまったくの偶然だった。あらためて第一芸文社と出あうきっかけをつくってくださった地村千里さんと、早くからこの出版社に注目して紹介されていた古書善行堂・山本善行さんにお礼を申し上げたい。

山本さんは『関西赤貧古本道』(新潮社・二〇〇四)、同年発行の「ｓｕｍｕｓ　第12号」で第一芸文社を取り上げ、さらに『書影でたどる関西の出版　１００―明治・大正・昭和の珍本稀書』(林哲夫／創元社・二〇一〇)に寄稿した「純粋映画記　北川冬彦」では、北川の『詩人の行方』と『純粋映画記』が、第一芸文社の出版方向を決定する重要な出版であったと指摘されている。いま改めて山本さんの慧眼に感服している。

なお本稿には中塚道祐と第一芸文社にかかわる多くの人たちが登場するが、それぞれの関係者の皆さまへのご連絡は難しく、紙上よりお断りを申し上げたい。

＊＊＊

埋もれていた戦前の個人出版社の歩みが、私的なレポートに終わることなく書籍化されることになったのは、ひとえに山本善行さんと夏葉社の島田潤一郎さんのご尽力によるものです。また山本さんの解説をいただけたのは望外の喜びであり、第一芸文社をさがす旅の終わりを実感することができました。

中塚の生涯と彼が刊行した本に対する敬意をこめて、素晴らしい装幀を考えてくださった島田さんをはじめ、櫻井久さん、中川あゆみさん、小川哲さん。みなさんの力で「第一芸文社」はよみがえりました。心よりお礼を申し上げます。

最後に草津市立図書館と県内外の図書館、貴重な古書を守っていてくださった全国の古書店さんに感謝します。

二〇二一年、コロナ禍の二度目の秋に。

# 『第一藝文社をさがして』を読む

山本善行

「sumus」という書物雑誌で、かつて京都にあった出版社に興味を持ち調べ始めたとき、その本造りと内容の素晴らしさに驚いたのが、第一藝文社と甲鳥書林だった。調べていくと、第一藝文社に限っても、北川冬彦の『詩人の行方』や『純粋映畫記』、伊丹万作『影畫雜記』、杉山平一詩集『夜學生』など、当時のどの出版社と比べても全く引けを取らない、いやそれらを凌駕する数々の書物が目の前に現れてきた。ただ、出版社がどのような本を出したのかは分かっても、出版社を立ち上げた人の情報は、その本の著者とは違って裏方の仕事だということもあり、なかなか得られないものである。

第一藝文社の発行者の場合も同様で、中塚悌治、中塚道祐、中塚勝博と奥付けに書かれていても、この人たちの繋がりが分からなかった（本書で同一人物であることが判明）。発行所も、滋賀県大津市桝屋町であったり京都市左京区であったり京都市新町下立売であったり、そして北九州市で発行したものまで見つかり、第一藝文社が転々としているのは分かるのだが、その辺の事情も摑めなかった（本書で北九州へ移った事情なども判明）。

その後、私の興味も雑誌の興味も、京都の出版社から別の事へと次から次に移っていくのだが、それでも第一藝文社のことは頭の隅に置き、新たに第一藝文社の本が見つかれば、奥付けを注意深く確かめ、後書きや前書きに中塚氏のことが書かれていないかを調べるという日々が続いている。そんなある日（私が調べ始めてもう一五年近く経っていた）、滋賀県在住の早田リツ子さんから、第一藝文社のことをずっと調べていて、その文章がまとまってきたとの連絡が入っ

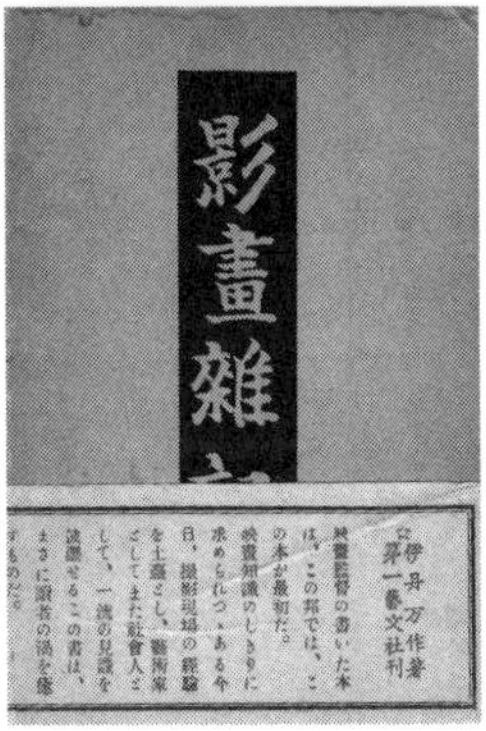

たのだった。

これには驚きました。こんな奇特な方がいらっしゃるとは。読ませてもらうと、分からなかったことが次々と明かされ、それも調べる途中の景色も見えるようで、私は早田さんのコピーの束を読みながら、途中所々で興奮し、線を引き、まるで推理小説を読んでいるような気持ちにもなった。出版社を立ち上げた人物の話はなぜこんなに興味深いんだろう。その出版社が刊行した書籍に魅力があっての話であるが、私は著者だけでなくその本を出版した人のことも知りたいと思う。先程も述べたが、出版社の発行人のことは、著者のこととと違って、調べること

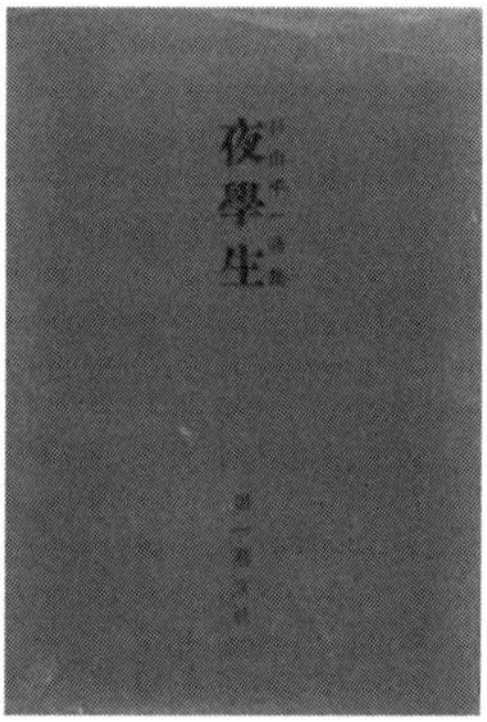

は非常に難しいのだが、早田さんは、図書館を使いこなし、古書店で資料を取り寄せ、想像力も働かせ、諦めずによく調べ続けたものだと感心した。

本書は、また様々な読み方ができる懐の深さをも持っていると思う。読者はそれぞれの興味で、いけばな、映画、詩、戦争、自然、故郷、口語短歌など、中塚道祐の世界に触れたあと、さらに支流を目指し調べ始める人も現れるのではないか。

中塚道祐は、親孝行になると思い、いけばなを習い始めた。そのことで重森三玲と出会う。第一藝文社を興すにあたり社名も含め重森に相談し、最初の出版も重森の『挿花の観賞』であった。中塚は重森の影響を強く受けたのだ。影響を受けるのも才能だと思う。中塚が重森を初めて訪ねていく場面も印象深く紹介されていて、人と人が出会うのは偶然ではないと強く思わせる出会いであった。いけばなは、中塚の生涯に渡ってのものなので、中塚道祐を、いけばなに重点を置いて調べることも可能だろう。

また、映画関係で言えば、杉本峻一の京都時代のことも調べれば面白いだろう。東京で映画評論を書いていた杉本は、映画監督伊藤大輔から京都に来ないかと誘われ、京都太秦で映画制作に関わるようになる。杉本はそのような時に、第一藝文社の事務所にも入り浸り、仕事を手伝ったり、中塚と一緒に映画を観たりして過ごしてもいる。杉本峻一のシナリオ集『鼻たれ春秋』が、昭和一三年に第一藝文社から発行された。

杉本は『日本の映画作家たち』で、複雑な出生のことなども含め「序文に代えて」で自らの過去を語っているが、第一藝文社のことには触れていなくて、まだまだ分からないことが多い。映画雑誌に杉本が書いた数々の文章は、山本久寿夫というペンネームで書いたものも含めて、書籍化されないまま埋もれているものも多い。この辺りも誰か調べて欲しい。

第一藝文社と関わりのあった、画家の妹尾正彦や下川苔地や小堺景子などの仕事もそれぞれ興味深い。下川苔地は、若い頃、重森三玲の家に下宿し、重森の『いけばな美術全集』のいけ

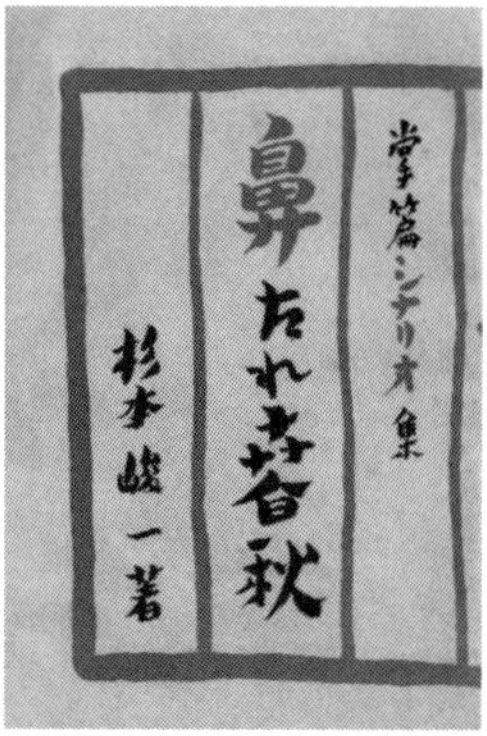

ばな図を描いていた。中塚はその絵に見飽きぬ魅力を感じたという。中塚は下川本人と出会う前に下川の素晴らしい絵に出会ったと言える。

中塚は『思い出の記』（私家版）の中で、心に残る友人のことを書いている。中塚は晩年強い孤独を感じ歌にも詠んでいるが、深いところで心が通じ合う友人があったのだ。その一人、佐久間紀彦との交流は、戦争という大きな激流の中での友情が語られていて感動する。人と人の心が触れ合うとはこういうことなのだろう。早田さんもこの二人の交流を詳しく書き記している。また、『思い出の記』の中で、画家の下川苔地との付き合いも印象深く語られているので、少し紹介させてほしい。

戦争中、中塚は、真如堂の近くに住んでいた下川をよく訪ねて世間話を楽しんだ。いつも下川は、目の前で話しながらお茶を入れてくれた。貧しいなかでもお茶だけは贅沢していたという。友と語らいながらお茶を入れてもてなした下川、それを最高のものの一つだと感じた中塚。甘いものを出して、と下川が奥さんに言うと、何も無く、お金も二銭しか無かった。下川は本箱から本を四、五冊出して、これで何か買ってきてと頼む。その頃は、古書でお金を借りられたのですね。この下川夫婦の会話、それを聞いている中塚、それを想像するだけでも豊かな気持ちになれる。中塚は、回想の中で、ありのままお互いに話せる人は少なかったが、下川は、包み隠さずに話のできる人だったと書いている。

第一藝文社、下川苔地の装幀本は、熊王徳平『いろは歌留多』、農民小説集『建設』、『アイヌ童話集』などがあるが、素朴な温かみがあり、力強い線の魅力も感じる。西山明詩集『忠靈』では、坂本繁二郎の挿絵を使い、カバーを取れば鮮やかかな朱の中に葉のついた花を添えている。装幀家としての下川苔地、もっとたくさんの本を見てみたい。また画家としての下川、どこかに眠っている絵画も探し出したい。

早田リツ子さんの『第一藝文社をさがして』を読むと、このように、一つの出版社に集まる人間模様、また中塚道祐という、戦前、戦中、戦後を生きた、ひとりの人間の物語にもなっているので、日本の社会の変化や日本人の移り変わりなども感じることができる。

早田さんにとって幸運だったのは、中塚修さんに会えたことだろう。資料を読み込むだけでは分からない地点に立った時、親族を探し出し直接話を聞くことでしかその先に進めなくなる。中塚道祐が勝博名義で出した歌集『老人の歌』の奥付には電話番号が記載されていた。この記載がなかったら、本書は生まれなかったかも知れない。私たちを勇気づける人の生き方もことばも、多くのものが消え去っていくのだろう。それらをしっかりと留めたのが本書『第一藝文社をさがして』だと思う。

早田さんは、道祐が家族に残した文章『思い出の記』を読み、また「花泉」という雑誌に掲載された中塚のエッセイも読み、中塚の年譜を埋めていく。早田さんは、読み進め、書き進めるうち、中塚道祐の魅力が益々身に迫ってきたのではないか。中塚が、いけばなをしたり、映画や詩集の出版をしたのは、表面的なことで、その下にとうとうと流れる、中塚の物を見る目、感じる心、そういうところにまで早田さんの筆は達している。

詩人の杉山平一は、全詩集の解題で、昭和一七年すでに戦争が始まり紙が統制される中、中塚は、詩集『夜學生』の紙を求めて一ヶ月近く京都の町を探し歩いたと書いていたが、私など

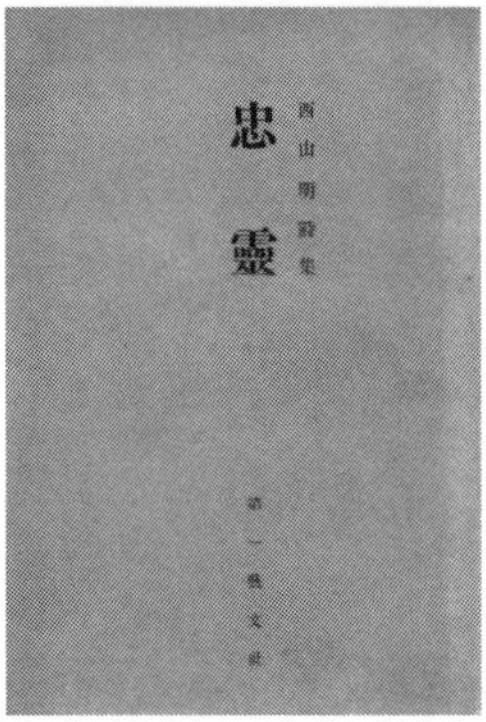

はそのことだけで、中塚道祐のファンになった。詩集のカバーをワインカラーに染め、表紙はシルバーグレー、真ん中に漆黒の活字体でタイトルを入れ、目次は見開きに三段に組み黄色の枠で囲んだ。これらの著者からの注文を中塚は見事に叶えて、一冊の詩集を作り上げる。部数は九〇〇部だったという。

第一藝文社の凄いところは、杉山平一の『夜學生』もそうだが、その著者の第一作品集を沢山出したことだ。伊丹万作も熊王徳平も中江俊夫も滋野辰彦もそうだった。まだ世間の評価も定まらない人の出版を引き受け、その新人はその後、数々の作品を出版していく。中江俊夫に『魚のなかの時間』が、伊丹万作に『影畫雜記』が、杉山平一に『夜學生』が無かったとしたら、どんなに物足りなく寂しいことだろう。その作家にとって無くてはならない作品になっている。今村太平もそうだ。そういう本を中塚道祐は作ったのだ。他にも沢山、その作家にとって核になるような作品を作ったのだ。

『第一藝文社をさがして』を読むと、書きたいことが溢れてくる。中塚は、好きな本は二冊買って、それを欲しがる友にあげていたという。自分が作った第一藝文社の本も中塚の自宅にはあまり残っていなかった。求められれば与えていたからだろう。若い時にお姉さん（くめ）を亡くしたこと、便所に落ちてから身体が弱くなったこと、織田作之助の「雪の夜」を出版しようとしていたこと、その冒頭を織田作は喫茶店で声に出して読んだこと、中塚は自分が裕福な家に生まれたことを恥ずかしいと思っていたこと、小学校の先生の本を出そうとしたこと、一時期、古本屋をしていたこと、様々なことがこの本を読んだ後、心に残った。

中塚道祐は晩年、勝博の名で三冊の口語歌集『老人の歌』『生活の中の歌』『宇治川がある町』を自費出版する。『老人の歌』に流れる孤独、寂寥、憤懣は、晩年の中塚の実感であったろうが、こうしてあなたの一生を追い求めた人がいて、あなたが残した本を見て感動する者がいる。あなたが作った本は今見ても素晴らしいですよ、と晩年の中塚さんに語りかけたかった。

# 中塚道祐年譜および第一芸文社刊行書籍

刊行月は奥付の発行日をもとに統一。＊印は推定。◆印は重版。

**一九〇二（明治三五）年**
八月二八日、中塚庄五郎・ふさの長男として、滋賀郡真野村大字谷口（現大津市真野谷口町）に生まれる。名は「悌治」。

**一九一六（大正五）年――一四歳**
四月、滋賀県師範学校予科に入学。

**一九一八（大正七）年――一六歳**
三月、四歳上の姉・くめ、没。姉の死をきっかけに師範学校を退学。京都予備学校に在籍の後、独学生活に入る。

**一九二三（大正一二）年――二一歳**
＊村役場の書記となる。

**一九二四（大正一三）年――二二歳**
「悌治」を「道祐」と改名。

**一九二八（昭和三）年――二六歳**
一月二九日、中井ソエと結婚。長女俊子誕生。『御大礼記念滋賀県歌人歌集』に九首掲載。

**一九二九（昭和四）年――二七歳**
プロレタリア歌人同盟に入盟。

**一九三〇（昭和五）年――二八歳**
父とともに専正池坊の創流に参加。

一九三二(昭和七)年——三〇歳
長男修誕生。母ふさ、没。
＊重森三玲を訪ねる。

一九三三(昭和八)年——三一歳
流派機関誌「大道」の編集に参加。いけばな批評で活躍。

一九三四(昭和九)年——三二歳
父庄五郎没。大津市桝屋町で第一芸文社を創業。社名は重森三玲に相談して決める。社主名は中塚悌治。

一九三五(昭和一〇)年——三三歳
二男伸、誕生。
＊北川冬彦を訪ねる。

一九三六(昭和一一)年——三四歳
大津にて、重森三玲『挿花の観賞』(三月)、北川冬彦『詩人の行方』(六月)と『純粋映画記』(一〇月)、山根翠堂『生花の芸術』(一一月)を刊行。
＊生花と芸術研究雑誌「花と芸術」を発刊、菊岡久利が寄稿。

一九三七(昭和一二)年——三五歳
一月刊より京都市新町下立売へ移転。六月頃、北白川の洛東アパートに事務所をおく。
佐後淳一郎『四季』(一月)、季刊「シナリオ研究」第一冊(五月)、滋野辰彦『映画探求』(六月)、「シナリオ研究」第二冊(七月)、「シナリオ研究」第三冊(一〇月)、伊丹万作『影画雑記』(一二月)。

一九三八(昭和一三)年——三六歳
三男節、誕生。社主名を中塚道祐とする。
「シナリオ研究」第四冊(三月)、杉本峻一『鼻たれ春秋』(同)、ポール・ルータ・厚木たか訳『文化映画論』(九月)、北川鉄夫『映画用語辞典』(一二月)。

一九三九(昭和一四)年——三七歳
今村太平『映画芸術の性格』(五月)。
◆『映画用語辞典』二版(一〇月)。『文化映画論』普及版(一二月)。

一九四〇(昭和一五)年——三八歳
第一芸文社、百万遍アパートへ移転。
今村太平『映画と文化』(一月)、倉田文人『シナリオ論』(四月)、久保田辰雄『文化映画の方法論』(六月)、重森三玲『挿花の研究』(八月)、今村太平『記録映画論』(九月)、エイゼンシュタイン・袋一平訳『エイゼンシュタイン映画論　決定版』(同)、上野耕三『映画の認識』(一二月)。

◆『映画と文化』二版(二月)、『映画用語辞典』三版(一一月)。

**一九四一(昭和一六)年——三九歳**

今村太平『漫画映画論』(二月)、映画文化叢書第一冊『映画文化論』(七月)、今村太平『満洲印象記』(九月)、叢書第二冊『映画と文学』(一〇月)、前田紅陽『華道文化読本』(一一月)、杉山平一『映画評論集』(同)、佐藤民宝『軍鶏』(一二月)。前田紅陽『士峰流立石一有作品集』(不明)

◆『映画芸術の性格』二版(六月)。

**一九四二(昭和一七)年——四〇歳**

熊王徳平『いろは歌留多』(二月)、鍵山博史編『建設』(四月)、映画文化叢書第三冊『映画と演劇』(六月)、前田紅陽『花と生活』(九月)、重森三玲『庭の美』(同)、今村太平『戦争と映画』(一一月)。

◆『漫画映画論』二版(一月)。

**一九四三(昭和一八)年——四一歳**

杉山平一『夜学生』(一月)、林逸馬『筑後川』前編(同)、林逸馬『筑後川』続編(六月)、西山明『忠霊』(同)、金田一京助・荒木田家寿『アイヌ童話集』(九月)、林逸馬『筑後川』前・続合本(一一月)。荒木精之『誠忠神風連』(発行月不明)。

**一九四四(昭和一九)年——四二歳**

出版社の統廃合により、廃業。

神崎博愛『農村人口維持論』(四月)、秋山六郎兵衛『福岡県人物篇』(同)、市川亀久彌『独創的研究の方法論』(七月)。富田亀邱『日本刀講話』(七月)と市川の『独創的——』の発行所は京都印書館創立事務所、表紙に第一芸文社。

◆『アイヌ童話集』二版。

**一九四五(昭和二〇)年——四三歳**

故郷の真野で農業。

**一九四六(昭和二一)年——四四歳**

四月、知人の手紙を機に「平和荘」を着想。有限会社を設立。新芸文社の名で市川亀久彌『独創の理論　革命論への覚書』(六月)。

**一九四七(昭和二二)年——四五歳**

夏か秋に、平和荘の陶器製造の工場と窯が完成。しかし第一回の窯入れで失敗し、理想の村づくりは挫折。

**一九四八(昭和二三)年——四六歳**

六月九日、長女俊子没。その後、一時期京都で古書店を営む。

**一九四九（昭和二四）年——四七歳**

手づくりの歌集『嵐』を発行。

**一九五〇（昭和二五）年——四八歳**

一月、専正池坊機関誌「花泉」の編集者となる。

『諸泉祐道先生遺作集』を編集、中塚悌治名で刊行者のことば（一二月）。

**一九五二（昭和二七年）——五〇歳**

中塚道祐『盛花投入教科書初等科』（四月）。発行は専正池坊出張所（大分県）。中江俊夫『魚のなかの時間』（一〇月）。本書より発行所として第一芸文社名義を復活。

**一九五三（昭和二八）年——五一歳**

中塚道祐『いけばな芸術論』（一〇月）。

**一九五四（昭和二九）年——五二歳**

天野忠『重たい手』（六月）、中塚道祐『いけばな芸術構成論』（一〇月）。

＊この頃、家屋敷を処分か。その後天理市に二年ほど居住。

**一九五五（昭和三〇）年——五三歳**

中塚道祐『いけばな芸術事典』（桐華社・七月）。

**一九五八（昭和三三）年——五六歳**

一二月、妻とともに北九州市小倉区へ移住し「花泉」を編集。以後通名として「勝博」を名乗る。

**一九五九（昭和三四）年——五七歳**

中塚勝博『いけばな随筆集　真紅のばら』（一二月）。

**一九六三（昭和三八）年——六一歳**

天野忠『しずかな人しずかな部分』（一二月）、天野忠編『花の詩集』（同）。

**一九六四（昭和三九）年——六二歳**

玉井政雄『日本文学　近代小説の流れ』（二月）。

**一九六五（昭和四〇）年——六三歳**

山村順『枠』（一二月）。

**一九六七（昭和四二）年——六五歳**

玉井政雄『日本文学　近代小説の流れ』増補版（発行月不明）

**一九六八（昭和四三）年——六六歳**

津名道代『シャロンの野花』（四月）

**一九六九（昭和四四）年——六七歳**
天野忠『昨日の眺め』（一〇月）

**一九七〇（昭和四五）年——六八歳**
「花泉」編集者を退く。二男伸が編集を引継ぐ。

**一九七一（昭和四六）年——六九歳**
春、滋賀へ帰郷。長男修の住む志賀町和邇（現大津市）へ。
中塚勝博『現代いけばな芸術事典』（四月）。玉井政雄『日本近代小説の流れ』（四月）、中塚勝博編『先代家元諸泉祐道先生作品集』（一〇月）。

**一九七三（昭和四八）年——七一歳**
玉井政男『日本近代小説の流れ』増補版（四月）が、第一芸文社名義の最後の本となる。

**一九七四（昭和四九）年——七二歳**
七月、歌集『老人の歌』（私家版）を刊行。
八月、この歌集と中塚について「中日新聞」に掲載される。

**一九七八（昭和五三）——七六歳**
一月、歌集『生活の中の歌』（私家版）を刊行。

**一九七九（昭和五四）年——七七歳**
一二月、京都新聞のインタビューを受ける。

**一九八〇（昭和五五）年——七八歳**
三月、妻ソエとともに宇治へ移り住む。
一一月、最後の歌集『宇治川がある町』を手書き手作りで一〇部作製。

**一九八六（昭和六一）年——八四歳**
一〇月二三日、和邇で没。

**一九九九（平成一一）年**
八月、二男伸、道祐の遺稿集『思い出の記』を手作りで制作。

**二〇〇三（平成一五）年**
妻ソエ、没。

中塚道祐　1963年正月、北九州市にて

# 主な参考文献

本書中で紹介・引用した第一芸文社刊行の原著と中塚道祐の著作をはじめに挙げ、次いで復刻版、その他の文献を発行年順に掲出した。


佐後淳一郎編『御大礼記念滋賀県歌人歌集』（御大礼記念歌集刊行会・一九二八）
重森三玲『挿花の観賞』（第一芸文社・一九三六）
北川冬彦『詩人の行方』（第一芸文社・一九三六）
北川冬彦『純粋映画記』（第一芸文社・一九三六）
「第一芸文社月報」（第一芸文社・一九三六）
佐後淳一郎『句集　四季』（第一芸文社・一九三七）
滋野辰彦『映画探求』（第一芸文社・一九三七）
伊丹万作『影画雑記』（第一芸文社・一九三七）
「シナリオ研究」第五冊（シナリオ研究十人会・一九三八）
北川鉄夫『映画用語辞典』（第一芸文社・一九三八）
今村太平『映画芸術の性格』（第一芸文社・一九三九）
ポール・ルータ／厚木たか訳『文化映画論』普及版（第一芸文社・一九三九）
倉田文人『シナリオ論』（第一芸文社・一九四〇）
今村太平『記録映画論』（第一芸文社・一九四〇）
エイゼンシュタイン／袋一平訳『エイゼンシュタイン映画論　決定版』（第一芸文社・一九四〇）
上野耕三『映画の認識』（第一芸文社・一九四〇）
今村太平『漫画映画論』（第一芸文社・一九四一）
中塚道祐編『映画文化論』映画文化叢書第一冊（第一芸文社・一九四一）
今村太平『満洲印象記』（第一芸文社・一九四一）
中塚道祐編『映画と文学』映画文化叢書第二冊（第一芸文社・一九四一）
熊王徳平『いろは歌留多』（第一芸文社・一九四二）
今村太平『戦争と映画』（第一芸文社・一九四二）

杉山平一『夜学生』(第一芸文社・一九四三)
西山 明『忠霊』(第一芸文社・一九四三)
神崎博愛『農村人口維持論』(第一芸文社・一九四四)
市川亀久彌『独創的研究の方法論』(第一芸文社・一九四四)
秋山六郎兵衛『福岡県　人物篇』(第一芸文社・一九四四)
市川亀久彌『独創の理論』(新芸文社・一九四六)
中江俊夫『魚のなかの時間』(第一芸文社・一九五二)
中塚道祐『いけばな芸術論』(第一芸文社・一九五三)
天野 忠『重たい手』(第一芸文社・一九五四)
中塚道祐『いけばな芸術構成論』(第一芸文社・一九五四)
中塚道祐『いけばな芸術事典』(桐華社・一九五五)
中塚勝博『いけばな随筆集　真紅のばら』(第一芸文社・一九五九)
天野 忠『しずかな人しずかな部分』(第一芸文社・一九六三)
天野 忠『花の詩集』(第一芸文社・一九六三)
玉井政雄『日本文学　近代小説の流れ』(第一芸文社・一九六四)
山村 順『枠』(第一芸文社・一九六五)
津名道代『シャロンの野花』(第一芸文社・一九六八)
天野 忠『昨日の眺め』(第一芸文社・一九六九)
中塚勝博『現代いけばな芸術事典』(桐華社・一九七一)
中塚勝博『老人の歌』(私家版・一九七四)
中塚勝博『生活の中の歌』(私家版・一九七八)
ナカツカカツヒロ『手づくり歌集　宇治川がある町』(私家版・一九八〇)
中塚勝博／中塚伸編『思い出の記』(私家版・一九九九)

復刻版　杉山平一『夜学生』(銀河書房・一九九〇)
今村太平の会『今村太平映像評論』1・3・9(ゆまに書房・一九九一)
「復刻版　今村太平『漫画映画論』」(スジオジブリ・二〇〇五)
復刻版「シナリオ研究」第一冊〜第四冊
(『コレクション・都市モダニズム詩誌第16巻　映画と詩Ⅰ』
ゆまに書房・二〇一二)

後淳一郎『歌集　土のしめり』(湖郷詩社・一九二五)
北川冬彦『戦争』(厚生閣書店・一九二九)
内田博『悲しき矜持』(臼井書房・一九四二)
佐久間紀彦『百万人の経済学』(研進社・一九四六)
伊丹万作『静臥後記』(大雅堂・一九四六)
西山明『散文詩』(私家版・一九五一)
熊王徳平『無名作家の手記』(講談社・一九五七)
金田一京助・荒木田家寿『アイヌ童話集』(東都書房・一九六二)

今村三四夫『日本映画文献史』(鏡浦書房・一九六七)
湯川秀樹・市川亀久彌『生きがいの創造』(雄渾社・一九六七)
『昭和批評体系　第二巻』(番町書房・一九六八)
岡田晋・佐々木基一他『現代映画事典』(美術出版社・一九六八)
今村太平『志賀直哉との対話』(筑摩書房・一九七〇)
日名子元雄編『日本の美術　第54号　城』(至文堂・一九七〇)
『織田作之助全集8』(講談社・一九七〇)
池坊総務所『池坊いけ花年表』(一九七二)
天野　忠『天野忠詩集』(永井出版企画・一九七四)
佐藤民宝「軍鶏」
(『土とふるさとの文学全集②』　家の光協会・一九七六)
杉本峻一『日本の映画作家たち』(蛇紋岩出版部・一九七七)
上野耕三『回想録』(記録映画社・一九八〇)
『図録・いけばなの流れ　いけばな史年表』
(日本華道社・一九八六)
亀井文夫『たたかう映画―ドキュメンタリストの昭和史』
(岩波書店・一九八九)
杉山平一『今村太平　孤高独創の映像評論家』
(リブロポート・一九九〇)
厚木たか『女性ドキュメンタリストの回想』(ドメス出版・一九九一)

工藤昌伸『日本いけばな文化史 三　近代いけばなの確立』
(同朋舎出版・一九九三)
伊藤雪雄『昭和の湖国歌壇』(私家版・一九九七)
北河賢三編『資料集総力戦と文化　第1巻』(大月書店・二〇〇一)
三頭谷鷹史『前衛いけばなの時代』(美学出版・二〇〇三)
山本善行『関西赤貧古本道』(新潮社・二〇〇四)
山本善行「第一芸文社」(「ｓｕｍｕｓ」第12号・二〇〇四)
舌間信夫『直方文芸史』(自分史図書館・二〇〇五)
『滋賀近代文学事典』(和泉書院・二〇〇八)
林哲夫『書影でたどる関西の出版１００』(創元社・二〇一〇)
伊藤整『近代日本の文学史』(夏葉社・二〇一二)
中山雅弘『農民作家　上泉秀信の生涯』(歴史春秋社・二〇一四)
大澤聡『批評メディア論』(岩波書店・二〇一五)
井上優「誰がために鐘は征く」
(「湖国と文化」一七二号・びわ湖芸術文化財団・二〇二〇)
専正池坊機関誌「花泉」関連各号
「中日新聞」(一九七四・八・一二)
「京都新聞」夕刊(一九七九・一二・二〇)
「京都新聞」(二〇一五・一・一八)

凡例

●「第一藝文社」の表記はタイトルのみ旧字体とし、本文中は新字体を用いた。

●引用文中の旧仮名遣いはそのままとし、漢字は新字体に改めた。

●単行本からのまとまった引用箇所は文末に文献名と該当する頁数を、また雑誌からの引用は誌名と発行年月を記載した。

●読み方の難しい人名などには適宜ルビをふった。

●引用文には現代の人権意識から見ると不適切な語句もあるが、発表当時の時代背景を考慮し原文のままとした。

早田リツ子（はやた・りつこ）
一九四五年、北海道生まれ。北海道大学文学部を卒業。六九年より滋賀県在住。
八〇年代より滋賀の農山村女性の生活史を記録。
著書として『野の花のように』（かもがわ出版）、『工女への旅』（同）、
『暮らしの中から生まれる学び』（新水社）など。

# 第一藝文社をさがして

二〇二一年一二月二五日発行

著者　早田リツ子
発行者　島田潤一郎
発行所　株式会社 夏葉社
〒一八〇-〇〇〇一
東京都武蔵野市吉祥寺北町
一-五-一〇-一〇六
電話　〇四二二-二〇-四八〇
http://natsuhasha.com/

印刷・製本　中央精版印刷株式会社

定価　本体二五〇〇円+税

ISBN 978-4-904816-38-7 C0095 Printed in Japan